Susanne Peter-Führe
Rhythmik für alle Sinne

Susanne Peter-Führe

Rhythmik für alle Sinne

Ein Weg musisch-ästhetischer Erziehung

Herder Freiburg · Basel · Wien

Einbandfoto: Hartmut Schmidt, Freiburg
Textfotos: Andrea Braun, Köln
Illustrationen: Ines Rarisch, Düsseldorf

Printed in Germany

Herstellung: Freiburger Graphische Betriebe 1994
ISBN 3-451-23018-6

Inhalt

Vor-Wort

Im Anfang war ..., ja, was war da?
Das Wort? Oder Vor-Wort?

Atmen,
Schreien und Spüren,
Horchen und Schauen,
Weinen und Lachen,
Greifen und Krabbeln,
Aufrichten und Gehen.
Das Wesentliche
ohne Worte
verstehen

Vor-Wort
war immer schon
Da-Sein
Da-Sein
ist immer schon
Vor-Wort

Gedankenspiel von Gidon Horowitz
und Susanne Peter-Führe

Zum Gebrauch des Buches

Bücher, die Einblicke in die Praxis rhythmisch-musikalischer Arbeit geben, sind so etwas wie „Fotos in Worten". Sie sind Momentaufnahmen und versuchen zu beschreiben, was in Rhythmikstunden geschehen ist; sie fangen die Inhalte und eine Form des Vorgehens ein, manchesmal gelingt es auch, etwas von der Stimmung während der Arbeit mit einfließen zu lassen.

Mit diesem Buch will ich Sie mitnehmen in meinen Unterricht, um Ihnen meinen Weg zu zeigen, den ich mit den Kindern und den rhythmischen Elementen Musik, Sprache, Bewegung und Materialien eingeschlagen habe. Die Beispiele sind mit Kindern im Kindergartenalter (4–6 Jahre), mit Kindern an einer Förderschule sowie im Rhythmikunterricht mit Schulkindern der ersten Klasse im Rahmen der Musikschularbeit entstanden.

In diesem Sinne will das Buch Praxismaterial weitergeben und Anregung sein, dieses mit Ihren Kindern auszuprobieren. Es ist jedoch als offenes Angebot zu verstehen, das von Ihnen und den Kindern auf vielfältige Weise ausgebaut und verändert werden kann.

Das Buch will aber auch Arbeitsweisen der rhythmischen Erziehung vermitteln, die es Ihnen ermöglichen, mit den Ihnen zur Verfügung stehenden Liedern, Tänzen, Gedichten oder Geschichten in Ihrem pädagogischen Alltag gestaltend umzugehen.

Da bereits in vielen anderen Büchern über die Geschichte der Rhythmik zu lesen ist, habe ich in diesem Buch darauf verzichtet. Die „begleitenden Gedanken" sollen Ihnen helfen, die Kriterien und Wertigkeiten kennenzulernen, auf denen diese Beispiele aufgebaut sind.

Wenn Sie bereits ein wenig Erfahrung mit Rhythmik haben, müssen Sie diesen theoretischen Teil nicht erst durchlesen, um die Praxisteile zu verstehen. Sie können immer wieder einmal den einen oder anderen Gedanken lesen, ihn wirken lassen, in die tägliche Praxis einfließen lassen und prüfen, ob er auch in Ihrer Arbeit Bestand haben kann. Wenn Sie noch keine Eigenerfahrung mit Rhythmik haben, hoffe ich, daß Sie dieses Buch neugierig macht auf die rhythmische Arbeitsweise. Im Anhang finden Sie Adressen für Fortbildungsmöglichkeiten, in denen Sie die Rhythmik „am eigenen Leibe" erfahren können, um sie, darauf aufbauend, in Ihrem beruflichen Arbeitsfeld einzubringen.

Wenn ich in diesem Buch von der „Erzieherin" und der „Lehrerin" spreche, bitte ich alle Kollegen, sich damit ebenso angesprochen zu fühlen. Ich habe die weibliche Form der Anrede gewählt, weil es in unserer Gesellschaft bislang mehr die Frauen sind, die in der elementar-pädagogischen Arbeit tätig sind und auch den Sinn einer musischen Erziehung in unserer sonst so anders gearteten Leistungsgesellschaft anerkennen und mittragen.

Rhythmik – ein Weg

„Der Weg ist das Ziel", sagt eine östliche Weisheit und meint damit die Beachtung des Hier-und-Jetzt-Seins, die Präsenz in jedem Augenblick, das bewußte Gehen und Wahrnehmen eines Schrittes. Es bedeutet, daß die Zeit des Unterwegsseins genauso bedeutsam ist wie das Erreichen eines Zieles und daß man unter Umständen sein Ziel leichter und besser erreicht, wenn man auf dem Weg dorthin sich selbst nicht aus den Augen verliert und „bei sich" bleiben kann. Ein ständiger Blick auf das entfernte Ziel kann das Interesse für das Naheliegende rauben, das Verlangen, dem Ziel schnell näher zu kommen, kann uns außer Atem, in Streß bringen.

Was uns Erwachsenen schwer fällt und was wir durch Kurse in Meditation, Yoga, Eutonie u.a. wiederzuerlangen suchen, diese körperlich-seelisch-geistige, ganzheitliche Präsenz haben die Kinder. Die Welt ist für sie noch voller Qualitäten, die es zu erleben, zu genießen, zu erkennen und zu benennen gilt. Sie leben ursprünglich noch in der Qualität des Augenblicks, Lernen erwächst für sie immer aus Wahrnehmen, Handeln und Erleben, der Begriff „Lernziele" ist ihnen fremd, sie spielen, was für sie in ihrem Austausch von Innen- und Außenwelt an die Reihe kommt. In ihrem Spiel steckt gleichzeitig, innewohnend, auch Übung. Sie wagen Neues, probieren es in verschiedenen Situationen, wollen es können. Sie spüren sehr gut, wann es ihnen gelingt oder wann es ihre Fähigkeiten übersteigt. Jeder unbedachte Kommentar eines Erwachsenen „Dafür bist du noch zu klein, das kannst du noch nicht" ist ein Stein in den Weg des Kindes geworfen. Jede Begleitung des Kindes im Sinne von „Hilf mir, es selbst zu tun" (Maria Montessori) hilft ihm, die Wege, Umwege und Pfade zu seinem Ziel selbst zu finden.

Auf der anderen Seite ist Erziehung als Begleitung wichtig, um ihnen in der Vielzahl der einströmenden Reize Schutz und Orientierung zu geben; um ihnen mit den ergänzenden Angeboten Inhalte und Wertigkeiten zu vermitteln, die einen ihrer Altersstufe entsprechenden Bildungswert besitzen; um ihnen dort Hilfestellungen zu ermöglichen, wo sie aus eigener Kraft die Fähigkeiten noch nicht aufbringen (z.B. die Begleitung beim Lösen von Konflikten); um ihnen in ihrem Tun und Verhalten ehrliche Anerkennung zu vermitteln, die ihnen das Erleben von Selbständigkeit und Selbstvertrauen, vom Angenommensein in der Welt, ermöglicht.

Rhythmik – ein Weg musisch-ästhetischer Erziehung: dieser Titel beschreibt zum einen, daß die rhythmische Erziehung in der Vielfalt pädagogischer Konzepte von Erzieherinnen und Lehrerinnen als Weg, als Vorgehensweise, immer mehr gesucht und entdeckt wird, weil sie in ihrem Arbeitsansatz von einem ganzheitlichen Menschenbild ausgeht. Die rhythmische Arbeitsweise ist aber auch mit ihren Inhalten in sich ein Weg, weil sie die Gewichtung nicht auf das Abhaken eines erreichten Zieles legt, sondern auf den entstehenden Unterrichtsprozeß.

Weil die Kinder vor allem auch wahrnehmen, wie die Erzieherin und Mitspieler sich als Menschen verhalten, ist neben dem Inhaltlichen ebenso wichtig, was zwischen Erzieherin und Kindern, zwischen dem einzelnen Kind und der Gruppe, zwischen Gruppe und dem Thema geschieht.

Der Schwerpunkt rhythmischer Erziehung liegt entsprechend darauf, Erfahrungsprozesse in Gang zu setzen, Spiel- und Handlungsräume zu ermöglichen. Die Ziele sind dabei wohl im Bewußtsein, aber die Dauer und der Weg dorthin liegen in der Offenheit des Verlaufs. Da die Akzeptanz der Situation primär wichtig ist, wird es auch positiv gewertet, wenn sich daraus andere Ziele als geplant eröffnen und erreicht werden.

Das Angebot dieser Erfahrungs- und Handlungsspielräume wird in Kindergarten und Schule umso wichtiger, je mehr diese Möglichkeiten im sonstigen Lebensalltag der Kinder am Verschwinden sind. Die eigentlichen Erzieher sind heute immer seltener die Bezugspersonen im Elternhaus. Viele Kinder sind aufgrund der beruflichen und familiären Situation häufig auf sich allein gestellt oder Betreuungseinrichtungen überlassen. Die prägenden Leitbilder und Verhaltensweisen kommen immer häufiger aus der Fernseh-, Video- und Unterhaltungswelt und aus der Werbung. Primäre Erlebnisse aus dem direkten Kontakt mit den Mitmenschen und der Umwelt, diese grundlegenden Lebenserfahrungen, fehlen immer mehr. Die Welt strömt von Frühstücksfernsehen über Spielcomputer bis Abendvideo auf die Kinder ein, ohne daß sie aktiv darauf reagieren können.

Wenngleich jede einzelne von uns diese Entwicklung und die Umstände für die Kinder nicht ändern kann, weil die Zusammenhänge zu komplex sind, bleibt jedoch die Zeit, in der die Kinder uns anvertraut sind. Weil es mir wichtig ist, daß die Kinder nicht nur die Werbemelodie von Haribo im Ohr mit sich herumtragen, gebe ich ihnen andere Melodien mit. Weil es mir wichtig ist, daß zwei ständig raufende Kinder auch andere soziale Umgangsformen miteinander erleben, sollen ihre eingefahrenen Verhaltensweisen durch die Spielregeln im rhythmischen Tun andere Impulse erfahren. Weil es wichtig ist, daß die Kinder im Kontakt (Berührung, Verbindung) miteinander auch erleben, daß man Zusammensein mitgestalten kann, sollen sie viele Gelegenheiten haben, ihre kreativen Kräfte darin zu entwickeln.

„Anteilnehmen gehört zu uns als Teilhabende an dieser Welt. An was und wie wir anteilnehmen, beruht auf unseren Fähigkeiten und unserer persönlichen Geschichte. Wir nehmen wahr, wir sind motiviert und wir handeln durch unsere Gefühle, Gedanken, Werte. Als Anteilnehmende antworten wir auf Geschehnisse – sind wir ver-antwort-lich.“[1]

Rhythmik als ein Weg ... trägt das Ziel in sich, daß dieses Denken und Handeln nicht nur im begrenzten Rahmen von Rhythmikstunden einen Platz hat, sondern auch im gelebten Alltag von Kindergarten, Schule, Elternhaus greift.

Musisch-ästhetische Erziehung

Erziehung, gewußte und gewollte, bedeutet immer „Auslese der wirkenden Welt durch den Menschen; bedeutet, einer Auslese der Welt, gesammelt und dargelebt im Erzieher, die entscheidende Wirkungsmacht verleihen.“[2]

Da die Entwicklung des Kindes nicht nur durch biologische Vorgänge von innen heraus gesteuert ist, sondern als Prozeßgeschehen auch durch die Umwelt mit ihren Reizen und Herausforderungen in hohem Maße angeregt wird, kommt den Inhalten wie den erzieherischen Methoden große Bedeutung zu.

Die Rhythmik mißt in ihrer erzieherischen Grundeinstellung der Musik, der Bewegung, der Sprache und dem Tanz als menschliche Ausdrucks- und Kommunikationsformen einen grundlegenden erzieherischen Wert bei.

„Ästhetische Erziehung verstehen wir als Kultivierung der Sinnesorgane des Leibes. Das Wort ‚ästhetisch‘ ist von seiner griechischen Wurzel her zu verstehen. Das diesem Begriff zugrundeliegende Zeitwort ‚aisthanomai‘ heißt ‚wahrnehmen‘, ‚mit den Sinnen aufnehmen‘. Wir verstehen ästhetische Erziehung also nicht als Kunstlehre oder gar als Erziehung zum Schönen, sondern als Lehre von der Wahrnehmung ganz allgemein, natürlich im Zusammenhang mit allen Künsten.“[3]

Kultivieren der Sinneswahrnehmung heißt neben verfeinern auch „sorgsam pflegen“. Eine verfeinerte, vertiefte Wahrnehmung führt zu erhöh-

---

1 Ruth C. Cohn: Es geht um Anteilnehmen/HERDER/Spektrum 1989, S. 8

2 Martin Buber: Reden über Erziehung/Verlag Lambert Schneider, Heidelberg 1986/S. 24.

3 Prof. Dr. Eva Bannmüller, zit. in: Grundlagen und Perspektiven ästhetischer und rhythmischer Bewegungserziehung, Verlag Klett/Stuttgart 1990, S. 148.

tem Lebensgenuß. Die Fähigkeit zu genießen steht im Gegensatz zum Konsumieren, zum Benutzen und Verwerfen. Genießen heißt auch sich konzentrieren auf das Wesentliche, heißt sich einlassen auf die Wirkung, die uns eine Sache oder eine Situation entgegenbringt. Im Wort „Sinnesorgane" steckt auch das Wort „Sinn". Sinn erfahren durch die leiblichen Organe, durch das Ohr, das Auge, die Haut, den Mund, die Nase und auch durch den kinästhetischen Sinn. Er ermöglicht uns das Ausbalancieren im Kräftespiel von Erdanziehungskraft und Aufrichtungskraft.

Die Sinne bedingen die Selbstwahrnehmung, die Wahrnehmung der Umwelt und der Mitmenschen. Sinn finden durch wahr-nehmen: das ist eine lebensnotwendige Orientierung in dieser Zeit, in der die Welt aus den Fugen zu geraten droht, weil zu viele Menschen schon zu lange einen Sinn im Konsumrausch suchen, mit all seinen vernichtenden Begleiterscheinungen für Natur und Mensch.

Inhaltliche Kriterien rhythmischer Arbeit

Die Einteilung von rhythmischen Übungen und Spielen nach Kriterien hat den Sinn, die Schwerpunkte einer Aufgabenstellung zu verdeutlichen. Sie genügen dem Prozeß als solche nicht, denn innerhalb eines rhythmischen Tuns spielen immer verschiedene Kriterien eine Rolle, in gegenseitiger Bedingung und Wechselwirkung. Um z.B. bei einer Partnerübung dem führenden Kind folgen zu können, muß ich konzentriert sein auf dessen Handeln, muß bereit sein, mich darauf einzulassen, muß mich auch auf mir ungewohnte Handlungen des führenden Kindes einstellen. Es verbinden sich hierbei entsprechend die Anforderungen an Konzentration, soziales Verhalten und Flexibilität.

Mimi Scheiblauer hat als erste ihre rhythmischen Übungen in fünf Gruppen eingeteilt, die aus einschlägiger Rhythmikliteratur bekannt sind. Für meine Arbeit möchte ich die Einteilung in die sechs Erfahrungsfelder nach Isabelle Frohne[4] aufzeigen. Sie können sowohl als Inhalt wie als methodischer Weg verstanden werden; sie ermöglichen auch, ein Thema dadurch in aufbauende Erfahrungs- und Lernschritte auszuarbeiten. Doch kann die Reihenfolge entsprechend der Situation in der Gruppe auch geändert werden.

Sensibilisierung

Die Gewichtung liegt hier auf der Entwicklung und Differenzierung der Wahrnehmungsfähigkeit. Es geht sowohl um die Selbstwahrnehmung wie auch um die Fremdwahrnehmung. Die Kinder sollen Gelegenheit erhalten, Aufmerksamkeit und Konzentration, das heißt innere Sammlung und Gerichtetsein auf ausgewählte (Umwelt-)Reize, zu erleben. Neben der Ansprache der fünf Hauptsinne und des kinästhetischen Sinns (Fühl-, Muskel-, Lagesinn) wird auch das innere Fühl- und Vorstellungsvermögen angeregt.

Ein Beispiel für Selbstwahrnehmung:
Die Kinder singen das Summen einer Biene auf verschiedenen Tönen. Sie legen dabei ihre Finger an die Nasenwand. Haben die Finger beim Singen etwas gespürt? Beschreibt es!

---

[4] Isabelle Frohne: Das rhythmische Prinzip, eres-Verlag 1981.

Ein Beispiel für Fremdwahrnehmung:
Die Kinder haben die Hände auf dem Rücken, und es wird ihnen ein Stein hineingelegt. Sie sagen meistens gleich, **was** es ist. Doch wichtig ist jetzt, **wie** etwas ist. Ist er groß oder klein, rauh oder glatt, rund oder eckig? Die Hände begreifen diese Qualitäten zuerst, danach kommen die Augen dazu und betrachten, vergleichen den eigenen Stein mit dem eines Nachbarkindes. Die Kinder beschreiben ihre Wahrnehmungen und sortieren: alle rauhen Steine, alle runden Steine …

Warum ist Sensibilisierung wichtig?
Mit den Sinnen nimmt der Mensch die Welt wahr, im Wahrnehmen erlebt er sich im Bezug zur Welt. Je ausgeprägter und differenzierter die Wahrnehmung, umso größer der Reichtum an Eindrücken. Wahrnehmen steht aber immer auch mit der geistigen Orientierung in Zusammenhang. Dinge oder Eigenschaften, auf die man vorher nicht geachtet hat, weil man bewußtseinsmäßig anders fixiert war, rücken dadurch in den eigenen Horizont und ändern, erweitern und vertiefen die Erlebensqualität. „Man lernt nicht nur, die Dinge voneinander zu unterscheiden, sondern auch, sich ihrer inne zu werden, tiefer in ihr Wesen einzudringen und Beziehungen herzustellen, zu erleben, zu genießen.“[5]

Orientierung

Orientierung ist das Zurechtfinden in den Gegebenheiten Raum und Zeit. Es ist die alltägliche Aufgabe, die Balance zu finden zwischen der inneren Zeit, dem eigenen Tempo, dem Eigenrhythmus, und der äußeren Zeit, den Notwendigkeiten der Zeiteinteilung im familiären und gesellschaftlichen Umfeld. Ebenso geht es um das Finden der Balance zwischen innerem Raum und äußerem Raum. „Auch bedeutet Orientierung, daß wir lernen, nicht nur Raum und Zeit in den Griff zu bekommen, sondern uns auch der Zeit und Raum gestaltenden Bewegung hingeben zu können und wachsam zu werden für das, was geschieht, wenn Raum- und Zeitdimensionen auf uns wirken.“[6]

Beispiel: Mein Platz im Raum
Jedes Kind sucht sich mit seinem Stuhl/einem Sitzkissen im Raum einen Platz. (Dabei ist es interessant zu beobachten, welche Kinder auch einen Platz in der Mitte wählen, welche sich in die Ecken setzen, welche ganz dicht an anderen sein wollen.) Sie betrachten von ihrem Platz aus den

[5] Ebenda, S. 129.
[6] Ebenda, S. 125.

Raum: Wo ist die Tafel, wo ist die Tür ... Ist sie mir nah, ist sie weiter weg? Auf das Wirbeln einer Trommel bewegen sich die Kinder durch den Raum, ohne eine dieser Raummarkierungen zu verändern. Endet der Trommelwirbel, gehen sie den kürzesten Weg zu ihrem Platz zurück. Die Orientierung kann erweitert werden in der Form, daß alle Kinder sich so bewegen, daß sie sich nicht berühren (Distanz akzeptieren), daß die Bewegung nicht unterbrochen wird (stärkeres Wahrnehmen der anderen Kinder und deren Bewegungsverhalten), daß sie sich in unterschiedlich schnellem bzw. langsamem Tempo bewegen (Reaktionsfähigkeit, Flexibilität).

Beispiel: Erweiterung mit der Orientierung in der Zeit
Die Spielregeln bleiben wie eben. Auf eine bekannte Melodie (z.B. „Hänschen klein") gehen die Kinder durch den Raum und sollen mit dem Ende der Musik wieder an ihrem Platz sein. Differenzierungsmöglichkeit: Zum Anfangsteil der Musik und zum gleichklingenden Schlußteil gehen sie durch den Raum. Den musikalisch anderen Mittelteil („aber Mutter weinet sehr, hat ja nun kein Hänschen mehr") klopfen sie im Rhythmus an die Wand. Danach gehen sie weiter und sind mit dem Ende der Melodie wieder an ihrem Platz.

Warum ist Orientierung nötig?
Im Alltag sind wir stets auf ein Raum-Zeit-Bezugssystem angewiesen. Treffpunkte zu bestimmten Zeiten, öffentliche Verkehrsmittel, Koordination von Menschen zu einer Arbeit ..., das Spüren dieses Eingebundenseins ist dabei nur die eine Seite, die andere ist das Erleben, daß man es selbst mitgestalten kann, daß Fähigkeiten entwickelt werden können, sich immer besser darin zurechtzufinden.

Expressivität

Die eigenen Ausdrucksfähigkeiten werden im Alltag leider viel zu oft beschnitten. Die Diktatur des „Man macht, man darf und darf nicht ...", schränkt individuelles, authentisches Verhalten ein. Leitbilder aus der Werbeindustrie blenden andersartige, eigene Wesenheiten aus und verführen zur Nachahmung fremdbestimmter Verhaltensweisen. Dabei kommt es gerade darauf an, daß jeder Mensch seine ihm entsprechenden Ausdrucksweisen zulassen und leben kann.

In der rhythmischen Arbeit ist es ein Grundanliegen, daß die Kinder (und die Erwachsenen) ihr Ausdrucksrepertoire entdecken, erweitern und auch modifizieren können. Je nach Altersstufe der Kinder geschieht das bewußt („Ich hab noch eine Idee ...") oder unbewußt im Spiel über die Identifikation mit Spielgestalten. Durch das Arbeiten mit Gegensätzen kommen die Kinder auch zu den Verhaltensweisen, die nicht ihrem ursprünglichen Naturell entsprechen, es aber auffordern, sich auch darin zu erleben. So kann ein schüchternes Kind z.B. im Spiel als Sausewind auch Lebendigkeit zulassen, die es bisher im Alltag noch nicht einbringen konnte.

Beispiel:
Der fröhliche König wacht auf und will tanzen. er nimmt sich die Königin an die Hand, die Musikanten spielen ihm eine Musik: Zwei Kinder gehen zusammen und tanzen nach ihrer Lust und Laune. Danach werden verschiedene Tanzformen der Kinder aufgegriffen, gegenseitig gezeigt und von den anderen mit ausprobiert.

Warum ist Expressivität nötig?
Jeder Mensch soll sich in dieser Welt als Individuum, als einmalige Persönlichkeit erleben und entfalten können. Er soll aber auch erfahren, daß er teilnehmend an einem Sozialgefüge diese Welt zu einem Teil mitgestalten und sich einbringen kann. Welt ist dabei vor allem auch die alltäglich gelebte Wirklichkeit, das nächste Lebensumfeld.

Die Fähigkeit, sich ausdrücken zu können, ist auch wichtig, weil Stimmungen, Gefühle, Ideen, die nicht zum Ausdruck kommen können, im Innenleben Verdrängungsprobleme bewirken.

Flexibilität

„Sie ist in dieser Hinsicht eine Erweiterung und Ergänzung der Expressivität. Es geht hier um die Entwicklung des Vermögens, sich in den anderen einzufühlen, seinen Ausdruck, seine Gefühle und Stimmungen, Einstellungen und Verhaltensweisen nachempfinden und mitvollziehen zu können. Es geht auch um die Fähigkeit, den Ausgleich zwischen der Bereitschaft zu führen und der Bereitschaft zu folgen zu finden, zwischen eigener Aktion und Reaktion des anderen und darum, umschalten zu können, wenn sich die Bedingungen eines Spannungsfeldes plötzlich verändern.“[7]

Beispiel:
Die Kinder spielen Indianer. Ein Kind spielt auf der Trommel Wischen und schnelle Schläge. Die Kinder bewegen sich entsprechend schleichend oder rennend. Schweigt die Trommel, wird die Bewegung unterbrochen. Die Kinder reagieren auf das, was sie hören.

---

[7] Ebenda, S. 126.

Warum ist Flexibilität wichtig?
Die Bedingungen der Umwelt und der Mitmenschen sind in einer ständigen Veränderung oder Wandlung. In gegenseitiger Wechselwirkung verändern wir uns dabei mit und wirken wiederum auch auf die Umstände (im Bereich unseres Lebensumfeldes). „Leben bedeutet also, ständig in Bewegung zu sein und die Beziehung zwischen der eigenen Person und der Umwelt ständig neu, d.h. rhythmisch zu gestalten."[8] Flexibel sein heißt fähig sein, das eigene Verhalten in ausgewogenem Verhältnis von Eigeninitiative und Anpassung, von Kontakt und Rückzug, von Einfühlung und Abgrenzung zu steuern. Es bedeutet umschalten können und reagieren können.

Kommunikation und Interaktion

Dies bedeutet das Anregen und Pflegen der sozialen Kontaktfähigkeit. Die Gruppe ist eine Gegebenheit, im Kindergarten wie in der Schule wie im beruflichen Umfeld, und sie ist auch die Aufgabe selbst. Der tägliche Umgang miteinander, das Reden, Spielen, Handeln, Arbeiten fordert heraus zu konstruktiven Lösungen. Es ermöglicht aber auch eine fruchtbare Auseinandersetzung, eine Begrenzung mit einem Gegenüber. Martin Buber[9] beschreibt, daß neben dem Urhebertrieb des Menschen, dem Verlangen nach schöpferischem Tun, auch der Trieb nach Verbundenheit schwingt. Die Begegnung vom Ich mit dem Du heißt, sich aufeinander einzulassen und zu versuchen, Verständnis zu entwickeln für den anderen in seiner Eigenart. Diese Fähigkeit sehe ich auch ausgeweitet auf das Erleben des einzelnen im Bezug zu der Gruppe. Es bedeutet, sich in ein Gruppengeschehen mit einzubringen und zu erleben, wie diese Impulse auf einen zurückschwingen. Wenn es gelingt, diese Begegnung zu ermöglichen, bedeutet das gegenseitige Bereicherung, die auch zu einem vertieften Erleben von sich selbst führen kann.

Beispiel:
Zwei Kinder halten eine offene Zeitung. Sie haben darauf eine Kastanie, und diese soll auf der Zeitung umherrollen. Wie kann es gelingen, daß sie nicht herunterfällt?

Die Kinder haben nur das Zeitungsblatt in der Hand und bewegen sich damit durch den Raum. Sie bilden sich auch gegenseitig Tore und gehen unter den Zeitungen hindurch. Wem gelingt es, daß die Zeitung nicht zerreißt? Und wenn sie reißt, beobachten diese Kinder ein anderes Paar, das sich mit Fingerspitzengefühl und in gegenseitiger Wahrnehmung bewegt. Dann probieren sie es noch einmal.

[8] Ebenda, S. 132. [9] Martin Buber: Reden über Erziehung, S. 20.

Warum sind Kommunikation und Interaktion wichtig?
Das Leben des Menschen ist nur in „partizipierender Autonomie"[10] möglich. Autonomie ist Selbständigkeit, Entscheidungs- und Handlungsfreiheit, partizipierend heißt teilnehmend an der Gemeinschaft, mitwirkend, zusammenwirkend.
Es ist letztendlich die Hauptaufgabe des Menschen auf diesem Planeten Erde: die Gemeinsamkeit so zu arrangieren, daß ein friedvolles Leben möglich ist. Das ist ein ständiges Ziel mit einem schwierigen Weg. (Die Notwendigkeit dieses Gedankens beweist die alltägliche Berichterstattung über das Versagen der Menschen in diesem Bereich.)

Phantasie und Kreativität

Die Anregung der schöpferischen Ideen, ihre Einbeziehung in die Gestaltung der Stunde wie in den gelebten Alltag haben in der Rhythmik einen wichtigen Platz. Die Kinder erleben, daß sie bei Spielen und Gestaltungen im Gruppenverband sich selbst mit ihren Ideen einbringen und auch mit der Gruppe zusammen eine Form entwickeln können. Es ist, nach Isabelle Frohne, das kreative Spielen und Handeln, in dem sich jetzt alle Erfahrungen aus den vorher genannten Bereichen zusammenfinden.

Beispiel: Konzert ohne Dirigent
Die Kinder haben verschiedene Instrumente in der Hand und legen einige Spielregeln fest, z.B.:
- Geht die Lehrerin an den Rand, beginnen alle gleichzeitig zu spielen.
- Wer aufsteht, spielt allein (stehen zwei gleichzeitig auf, spielen sie zu zweit).
- Wer sich in die Kreismitte stellt, gibt tanzend und musizierend ein Tempo oder einen Rhythmus vor, den alle übernehmen.
- Wenn das Konzert zu Ende sein soll, zeigt das ein Kind in der Kreismitte an.

Eine Anmerkung: Phantasie als Erfindungsgabe, Einfallsreichtum ist schon bei kleinen Kindern stets zu beobachten. Sie gehen mit sich, mit Materialien, mit der Sprache auch unaufgefordert auf so vielfältige Weise um, daß sie den nutzungsgemäßen Gebrauch mit ihren spielerischen Formen ergänzen. Doch meistens sind es dann die gewohnheitsmäßigen Einstellungen und Wertungen der Erwachsenen, die das Tun der Kinder beschränken. Es fehlt häufig nicht den Kindern die Phantasie, sondern den begleitenden Erwachsenen.

---

[10] Ruth C. Cohn: Es geht ums Anteilnehmen, S. 19.

Warum sind Phantasie und Kreativität nötig?
Die Gründe sind ähnlich wie bei der Flexibilität: um situationsorientierte Lösungen zu finden, müssen manchesmal auch neue Reaktionen möglich sein. Die Bedingungen fordern sie, die Flexibilität ermöglicht sie. Im gestalterischen Tun können Kinder wie Erwachsene diese Fähigkeit erleben und weiterentwickeln. Darüber hinaus ist die Freude an der eigenen Gestaltung eine Kraft, die aufbauend wirkt.

Praktische Themen durch den Jahreskreis

Wir fangen an

Rituale sind für Kinder etwas sehr Wichtiges. Sie zentrieren eine Gruppe, d.h., sie ermöglichen es allen, in eine bekannte, vertraute Atmosphäre wieder einzusteigen und sich darin bald in einem gemeinsamen Handlungsfeld zu finden. Dieses wird geschaffen durch ein über längere Zeit gleichbleibendes Lied, einen Begrüßungsvers.

Die Spielformen zu diesem Anfangslied haben die Kinder in einer Rhythmikstunde in verschiedenen Aufgabenstellungen entwickelt.

Es hat sich bei einer Gruppe (2. Klasse einer Förderschule) eine Form mit den Strophen 1, 6 und 8 herauskristallisiert, die von den Kindern lange zu Beginn der Stunde als Anfangsritual gewünscht war.

Text und Musik: Strophe 1: trad., Strophe 2–8: S. Peter-Führe

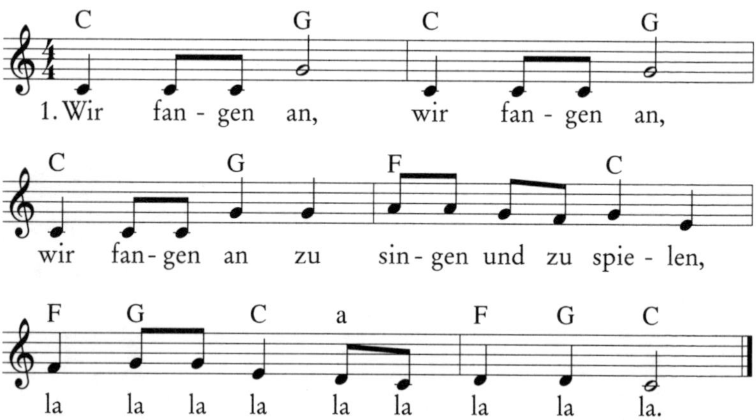

1. Wir fangen an, wir fangen an,
   wir fangen an zu singen und zu spielen
   la lala la lala la la la.

   (den Kreis durchfassen und die Arme schwingen)

2. Wir fangen an, wir fangen an,
   wir fangen an und klatschen in die Hände
   la …

   (verschiedene Klatschmöglichkeiten)

3. Wir fangen an, wir fangen an,
   wir fangen an und stampfen mit den Füßen
   la …

4. Wir fangen an, wir fangen an,
   wir fangen an und trommeln auf die Tische/Stühle/den Boden
   la …

5. Wir fangen an, wir fangen an,
   wir fangen an und tanzen durcheinander
   la …

   (alleine auf die Musik tanzen)

6. Ich geh allein, ich geh allein,
   ich geh allein und klatsch in meine Hände,
   la …

7. Wir gehn zu zweit, wir gehn zu zweit,
   wir gehn zu zweit und drehen uns im Kreise,
   la …

8. Wir machen nun, wir machen nun,
   wir machen nun die lange,
   lange Schlange,
   tanzen gemeinsam einen
   Schlangenschlingeltanz.

   … falls die Kinder vom instrumentalen Begleiten Klöppel in der Hand haben, fassen sie sich an diesen an. Dazu muß die Musik dann ebenso behutsam sein wie die Kinder.

9. Hier spiele ich Variationen der Melodie, und die Kinder tanzen als Schlange durch den Raum. Wenn jedes Kind einmal der führende Schlangenkopf sein will, gibt es entsprechend viele Strophen. Bei großen Gruppen können auch mehrere Schlangen gebildet werden. Die Kinder wechseln selbständig vom Kopf ans Ende der Schlange mit dem Ende einer Strophe.

Klatsch- und Patschformen:
- Die Hände patschen mit Handfläche und Handrücken im Wechsel
- patschen und klatschen im Wechsel pa kla pa kla/pa pa kla kla
- klatschen mit gestreckter Hand, mit hohler Hand, auf die Handwurzel, mit beiden Handwurzeln aneinander, mit den Fingerspitzen aneinander,
- im Wechsel klatschen mit Hände strecken und Hände zu Fäusten machen
- eine Hand gestreckt, die andere ist eine Faust, ständig wechselnd

Die Hände können mehr als nur einfach klatschen! Mit diesen Formen bekommt das Klatschen und Patschen unterschiedliche Lautstärken und ist in den Ohren nicht nur Geräuschakzent sondern eine feine Qualität von Musik.

Die freche Spinne

Dieses Handgestenspiel ist eine behutsame Körperkontaktaufnahme mit dem Nachbarskind und der ganzen Gruppe. Es bringt viel Heiterkeit in einen Beginn.

Einführung im Stuhlkreis: Die Kinder sitzen so, daß die Arme neben dem Körper schaukeln können und daß sie die Knie beider Nachbarn **bequem** erreichen können. (Das ist wichtig, sonst wird das Spiel sehr anstrengend!) Die linke/rechte Hand liegt mit offener Handfläche auf dem linken/rechten Bein. Wenn die Kinder links und rechts noch nicht unterscheiden können, wird die Aufgabe so gestellt: ein Kind legt eine Hand auf das dazugehörige Bein. Das Bein daneben muß nun frei bleiben. Nach der Spielregel „eine Hand – ein Bein – eine Hand – ein Bein“ bildet sich ein Handmuster im Kreis. Diese Hände bleiben während des Spinnenspiels liegen. Die freien Hände sind die Spinnen in den Regenrinnen. Sie zappeln hoch in der Luft, und mit dem Blick auf diese frechen Tiere beginnt das Fingerspiel.

Fingerspiel
Hoch droben in der Regenrinne
sitzt die kleine, freche Spinne.
Hi hi hi, so lacht sie munter,
jetzt komm ich zu dir herunter.

(Pfeif-glissando abwärts)

Krabbelt hin und krabbelt her, spinnen fällt ihr gar nicht schwer.	Krabbeln in der Handfläche
Kommt der Wind und schaukelt dann unsere kleine Spinne an.	über die Handfläche schaukeln
Doch die kleine, freche Spinne zieht sich hoch zur Regenrinne.	hochziehen
Olala! Was seh ich da? Die Nachbarhand liegt auch schon da! Hi hi hi, so lacht sie munter, jetzt komm ich zu DIR herunter!	Blick zum Nachbarn neben der „Spinnenhand“
(Pfeif-glissando abwärts)	Die Spinne landet in der Nachbarhand

In Anbetracht der kitzligen Umstände endet der gereimte Text hier. Die Spinne krabbelt auf Vorschläge der Kinder und der Erzieherin noch weiter, z.B. zum Ellenbogen, auf die Schulter, auf den Kopf, zu den Ohren, über den Rücken wieder zur Handfläche zurück. Sie krabbelt zu allen Fingerspitzen und den ganzen Handteller entlang.

Wer eine kleine Erholungspause braucht, kann noch mal einsetzen bei:
„Kommt der Wind und schaukelt dann ...
„Olala! Was seh ich da?
Meine Hand liegt wieder da!
Hihihi ...“

Die Spinne wird verzaubert

Die Kinder schlagen ein Tier vor, das von einer Hand zur anderen hüpfen kann. Mit der Begleitung durch einen Vers entsteht dabei ein sichtbarer und hörbarer Puls.

Bsp.: Hoppla hi hoppla ho
hüpft der Floh und ist froh!

Bsp.: Der Hase hüpft durchs grüne Gras,
das macht dem Hasen großen Spaß!

Bsp.: Das Känguruh hat keine Ruh,
springt durch die Welt wie ich und du!

Der Vers kann wiederholt gesprochen, geflüstert, leise gedacht werden. Wichtig ist dabei, daß die pulsierende Bewegung nicht unterbrochen wird. Die daraus entstandene Klatschform kann die Begleitung für ein anschließendes Lied werden. (Wenn das Spiel zum namentlichen Kennenlernen weitergeführt werden soll, paßt der anschließende Text „Zum Kennenlernen“.)

Variante:
Man kann diese pulsierende Bewegung auch zum Weitergeben von Dingen verwenden (als Austeilspiel, z.B.). Hilfreich ist dazu der Text: „Das ist für dich!" Fällt etwas herunter, bleibt es einfach liegen. Sonst kommt die Koordination der Bewegungen durcheinander.

Methodischer Hinweis:
Das Erlernen der pulsierenden Klatschbewegung braucht Zeit. Unterbrechen Sie ein Lied bitte nicht, wenn es ein Durcheinander gibt. Die spielerische Übung und Wiederholung ermöglicht, daß sich die Kinder im Laufe der Zeit immer besser einschwingen können. Es hat meist einen Schmunzeleffekt bei den Kindern, wenn die Hände durcheinandergeraten.

Für die Koordination der Bewegung ist es sinnvoll, die Bewegungsrichtung auch einmal umzudrehen. Ich lasse den Kindern anfangs mehrere Tage Zeit, sich auf jeweils eine Richtung einzuspielen. Wenn sie dann beide können, kann man den Richtungswechsel auch bei der Wiederholung in einem Lied einbauen (bei Schulkindern).

Zum Kennenlernen

Ein neuer Raum, viele neue Kinder, eine neue Begleitperson, das ist die Anfangssituation für ein Schulkind. Für Musikschulkinder, die sich einmal wöchentlich zum Musizieren treffen, ist der Beginn derselbe. Mit diesen Gruppen habe ich folgendes Anfangsritual gespielt, bei dem sich alle namentlich kennenlernen[11]. Wenn die Kinder mit dem Spinnenspiel in der pulsierenden Klatschbewegung sind, kann dieser Text weiterführend darüber gesprochen werden:

In diesem Zimmer

treffen wir uns immer

zum Lernen, Spielen, Fröhlichsein,

drum sind wir nicht allein.

Doch wer zusammen lernen will,

der soll sich kennen,

so wollen wir uns alle unsre

Vornamen nennen:

(Hier endet die pulsierende Klatschbewegung.)

„Ich bin der Joscha, und wer bist du?“

Jedes Kind sagt seinen Namen und trommelt sich beim Sprechen auf die Brust. Bei der Frage an das Nachbarskind „wer bist du?“ klopft es diesem auf die Schulter. (Der Name kann auch auf einer Handtrommel gespielt werden, die weitergegeben wird.) Wenn alle ihre Namen gesagt haben, kommt die rhythmisch gesprochene Frage: „Und wer sind wir?“ Mit der Begleitung einer Patschform, z.B. im Wechsel von Handfläche und Handrücken, sprechen alle zusammen die Namen der ganzen Runde: „Wir sind der Joscha und die Carola und der Sammy und … die Frau Peter“ (in die Hände geklatscht) „Schön, daß wir alle hier zusammen sind!“)

[11] (Eine gesungene Fassung für den Kindergarten finden Sie in „Rhythmik im Kindergarten“/Praxisbuch Kindergarten/Herder Verlag, Freiburg 1987, S. 66).

Variationen:

a) Ein Kind stellt sich sprechend und trommelnd vor: „Ich bin die Susanne", alle klatschen und erwidern: „Du bist die Susanne!" (der Reihe nach)

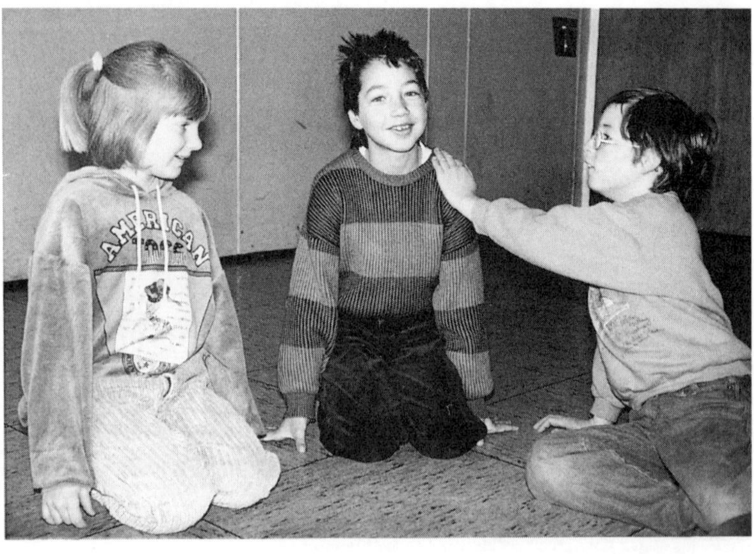

b) Der eigene Name wird auf einen aufgeblasenen Luftballon/einen Ball getrommelt. Bei „wer bist du?“ wird er einem anderen Kind zugespielt (kreuz und quer).

c) Im Kindergarten haben sich die Kinder eine Zeitlang mit Identifikationsobjekten vorgestellt: ich bin eine Eisblume, ein Schmetterling, ein Regentropfen u.a. In dem abschließenden Teil ist es für die Kinder ein spannendes Gedächtnisspiel, sich an die verschiedenen Objekte zu erinnern: „Wir sind die Eisblume und der Schmetterling und ...“

d) Durch das Zurollen eines Wollknäuels bei „wer bist du?“ entsteht ein Spinnennetz. Mit diesem Netz läßt sich auch ein Bewegungsspiel gestalten.

e) Ein Kind bewegt sich durch die Fäden, ohne sie zu berühren. Oder es bewegt sich auf den Fäden (das Nachbarkind hält unterdessen seinen Faden). Zum Abwechseln geht es zu einem anderen Kind und übernimmt dessen Faden.

f) Wenn alle auf Stühlen sitzen, werden die Fäden um die Stuhlbeine gelegt. Dann können sich alle Kinder bewegen.

Zu den Spielen e) und f) paßt das bekannte Spiellied: „Ein Elefant ging ohne Hetz, ganz gemütlich durch ein Spinnennetz ...“

Unser Zimmer ist ein Instrument

Ein Instrument ist etwas Besonderes, es ist ein Schatz. Wenn wir behutsam damit umgehen, kann es wohlklingende Töne und Geräusche hervorbringen. Auch ein Klassenzimmer oder ein Gruppenraum ist ein Instrument, und es wird klanglebendig, wenn wir mit offenen Ohren und sensiblen Händen die Klänge herauslocken.

Text und Musik: S. Peter-Führe

<u>*Musik und Bewegung:*</u>
1. Textstrophe: Die Kinder gehen singend im Raum umher und suchen sich dabei ein Objekt/einen Platz aus, dessen Klang sie hören wollen. Als

musikerzieherische Variante können die Kinder dazu klatschen/nur in die Pausen klatschen/dieses auf einen Tisch oder Stuhl klopfen.

2. Die dubi dub dub-Strophe singt die Lehrerin mit Gitarrenbegleitung alleine. Die Kinder musizieren so laut oder leise, daß sie die Singstimme und die Begleitung noch gut hören können.

TIP: Geben Sie den Kindern möglichst unterschiedliche Lautstärkemöglichkeiten.

Das Saitenspiel

Instrumente mit Saiten gibt es viele: Die Zither, die Gitarre, die Geige, die Harfe, das Klavier, sie alle tönen mit mehr oder weniger Aufwand und Lautstärke. Das Saitenspiel ist dagegen klein und bescheiden. Doch wenn viele Kinder gleichzeitig auf diesen Instrumenten spielen, wird der Klang rund und füllig. Ein falsch gezupfter Ton stört die gemeinsame Musik nicht sehr, weil jedes Instrument allein einen sehr feinen, leisen Klang hat.

Man kann es auf dem Tisch spielen, in den Arm legen, als Instrument überall hin mitnehmen, und man kann es selbst bauen. Christoph Löcherbach, früher Arzt und Gestalttherapeut, lebt und arbeitet seit vielen Jahren als Instrumentenbauer und bietet an vielen Orten in Deutschland, Österreich und der Schweiz Baukurse an für Saitenspiel, Saitentambourin, Harfen, Bassett, Dulcimer und einiges andere mehr. Seine Baukurse ermöglichen es wirklich jedem Menschen auch ohne Vorerfahrung, sich selbst sein Instrument zu fertigen. Sein Hauptanliegen ist, daß sich ein musizierender Mensch einmal im Leben ein Instrument selbst bauen kann, weil er dadurch einen tieferen Bezug zu seinem Klangkörper bekommt. Er hat das Saitenspiel entwickelt, weil in den meisten Kindergärten und Schulen die Qualität der schwingenden Saiten für das Musizieren fehlt. Denn leise Klänge „lassen die Hörnerven in den Ohren wachsen" und bewirken durch die erhöhte Aufmerksamkeit und die Wirkung der Klangschwingungen vertiefte Atmung, Konzentration und Beruhigung.

Das Saitenspiel ist ein diatonisch gestimmtes Instrument mit 10 Tönen:

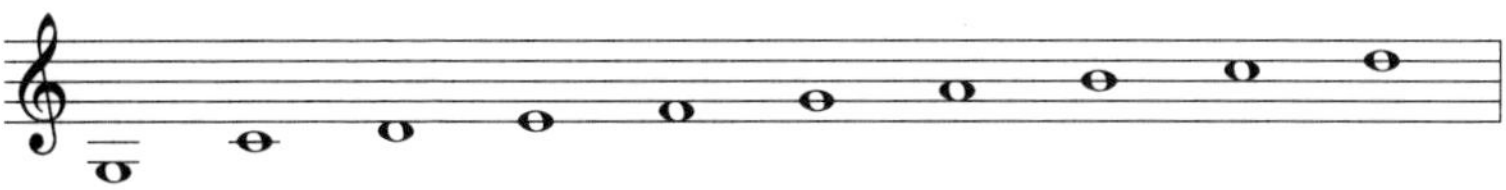

Die Töne des C-Dur Dreiklangs sind durch rote Saiten deutlich hervorgehoben, was die Orientierung für die Kinder erleichtert. Mit einem

Stimmschlüssel können alle Töne auch halbtonweise höher oder tiefer gestimmt werden. Die Musiziermöglichkeiten reichen von wenigen Begleittönen (Bordunen) über Ostinatoformen bis hin zu einstimmigen und mehrstimmigen Melodien.

Wenn die Kinder einmal gelernt haben, Instrumente als etwas Besonderes und Wertvolles zu behandeln, kann man sie ihnen im Kindergarten oder in der schulischen Freiarbeit auch zum selbständigen Spielen und Üben überlassen. Das feinmotorische Zupfen führt in der Regel zu einem ruhigen Verhalten des Spielers, zum Hinhorchen und Beobachten der eigenen Finger.

(Anmerkung: Wichtig für den Finanzetat der Einrichtung: beim derzeitigen Stand können Sie für den Preis eines Altxylophons 7 Saitenspielbausätze finanzieren!)

Hör-Spiel

„Schau nicht um, Musik geht rum, sie kitzelt deine Ohren,
mach sie auf, so weit du kannst, dann geht kein Ton verloren!"

Die Kinder haben die Augen geschlossen. (Wenn das jüngeren Kindern schwerfällt, kann man sich auch umgekehrt auf den Stuhl setzen, den Kopf auf die Arme legen und mit den Augen auf den Boden sehen.)
Ein Kind geht umher und streicht dabei über die Saiten. Die Kinder begleiten den Weg des Klanges mit einer Hand. Das musizierende Kind bleibt bei einem Hörenden stehen und zupft einige Saiten an. Die anderen Kinder zeigen zum Klang und sehen hin, um zu prüfen, ob sie es richtig gehört haben. Das Spiel geht weiter mit dem neuen Kind als Musikanten. (Räumliches Hören)

Wahrnehmungsanregungen:
a) Die Kinder beschreiben, wo im Raum das musizierende Kind stehengeblieben ist (in der Puppenecke/an der Tür/am Lehrerpult).
b) Welchen Weg ist das musizierende Kind gegangen? Ein Kind geht ihn nach und spielt dann als nächstes.
c) Die Kinder zählen die Anzahl der gezupften Töne.
d) In der Schule kann das in eine zu erhörende Rechenaufgabe führen.
e) Je nach musikalischer Erfahrung der Gruppe spielt das musizierende Kind zwei oder mehr Töne, bzw. kleine Melodiemotive. Die Kinder hören auf die Tonhöhe, beschreiben den Verlauf der Töne, singen sie nach/spielen sie nach.

Wintermusik mit dem Saitenspiel

Die Kinder haben zur Vorbereitung die roten von den silbernen Saiten unterscheiden gelernt. Sie haben sie gezählt, gezupft, die unterschiedlichen Längen entdeckt, die verschiedenen Tonhöhen gehört.
– Danach wählt sich jedes Kind einen Platz im Raum für sein Instrument. Ist es ein leerer Raum, soll jedes Kind seinen Platz so wählen, daß es sich dort frei bewegen kann. In der Schule kann es auch auf einem gewählten Tisch, am Boden, auf der Fensterbank sein.
– Die Musik verzaubert die Kinder in Schneeflocken. Z.B.: Wenn ich mit einem Finger die Saiten hinauf- und hinunterfahre, begleitet diese Musik die Bewegung der Kinder als wirbelnde Schneeflocken.
– Verklingen die Saiten, wirbelt jedes Kind zu seinem Instrument.
– Jetzt singe ich das Lied/spiele die Melodie „Unser Schneemann“. Die Kinder zupfen auf ihren roten Saiten dazu. (Das Tempo ist ihnen anfangs freigestellt. In den weiteren Wiederholungen kann es als Aufgabe musikalischer Differenzierung mit den Kindern erarbeitet werden. Es kann in einen Bordun münden oder als Ostinato gezupft werden.)

Unser Schneemann

Text und Musik: Hans Poser

1. Kommet all und seht:
   Vor dem Hause steht ein dicker Mann und lacht,
   der ist aus Schnee gemacht.
2. Einen blauen Topf
   hat er auf dem Kopf, das ist sein neuer Hut,
   und der gefällt ihm gut.
3. Unser Schneemann weint,
   wenn die Sonne scheint, das ist ihm gar nicht recht,
   denn das bekommt ihm schlecht.

Der Wechsel von Bewegen als Schneeflocken und Zupfen der Begleitmusik bleibt bestehen. Es ändert sich jedoch jedesmal die Bewegungsart der Schneeflocken:

a) wirbeln
b) ruhiges Schweben (die Kinder gehen im ruhigen Tempo, die Arme sind weit, die Hände bewegen sich mit). Die Bewegungsbegleitung ist das Summen einer improvisierten Melodie über einer ruhigen Bordunquinte.

c) drehen (Musik z.B.: „Schneeflöckchen, Weißröckchen" oder improvisiert)

Zupfen, Spüren, Horchen
Mit dem Saitenspiel gibt es über das tonale Musizieren hinaus noch viele andere Arten, Musik zu erleben. Ein Beispiel: die Schwingung erspüren.

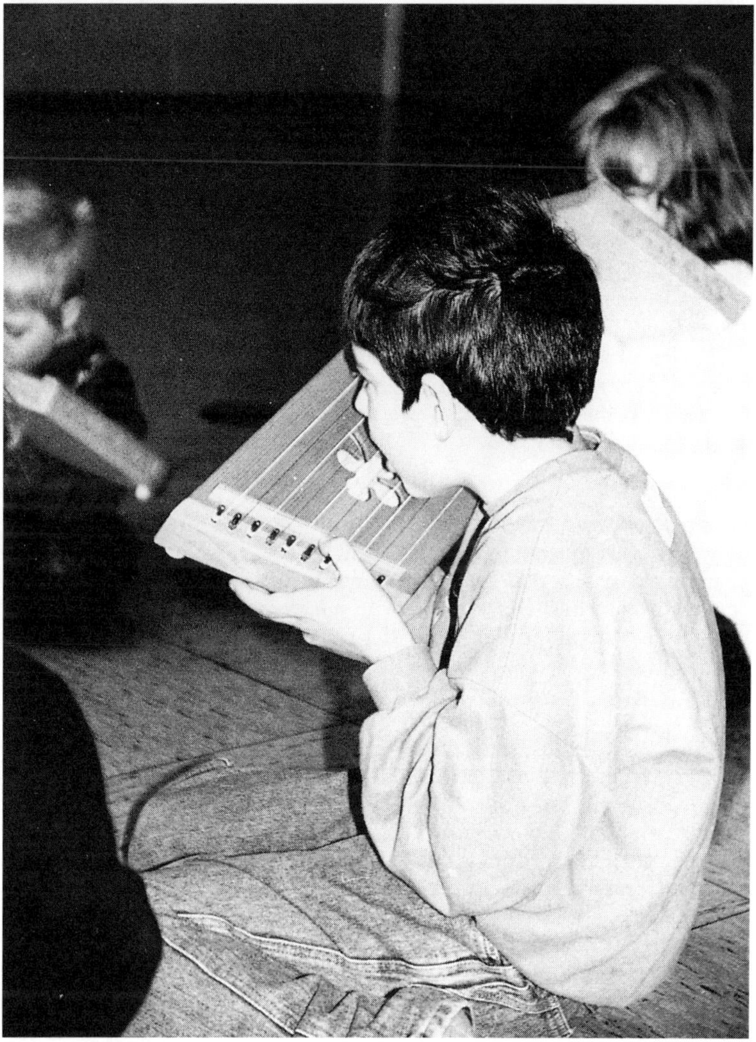

– Drei Kinder gehen zusammen. Ein Kind hält das Saitenspiel mit beiden Händen an den Rändern fest, ein anderes spielt, das dritte spürt am unteren Boden mit einer Handfläche oder dem Handrücken die Schwingung. Wenn es die Augen schließen kann, wird das Fühlen noch intensiver. Danach wechseln die Kinder untereinander.
– Schulkinder können sich das Instrument auch allein auf die Handfläche legen und mit zwei Fingern zupfen und spüren (Daumen und ein anderer Finger. Mit einem Finger zupfen ist in diesem Fall schwieriger, wegen der Balance).

Verschiedene Geräusche spielen
– Beim Blasen an die Kanten des Schallochs hören die Kinder ihren Atem verstärkt.
– Mit den Handflächen über das Holz des Bodens wischen.
– Mit den Fingern auf den Resonanzboden klopfen, mit den Fingern trommeln, mit einzelnen schnell etwas „wegwischen“.
– Mit den Fingern am rechten Rand, zwischen Steg und Kante spielen (helles, flirrendes Geräusch).

Eine kleine Wintergeschichte
Wenngleich diese Geschichte zum Vertonen mit den Geräuschen des Saitenspiels entstanden ist, kann sie ebenso gut auch mit anderen Instrumenten zum Erzählen „ausgemalt“ werden (Handtrommeln, Zymbeln, Triangel, Metallophon z.B.).

Der kleine Eskimo
Draußen war wie immer klirrende Kälte ... drinnen, im Iglu, war es wohlig warm ... Der kleine Eskimo lag in dickes Fell eingehüllt und schlief ... er träumte. Er sah, daß ein riesengroßer Eisbär auf dem Felsen saß und versuchte, einzelne Schneeflocken von seinem Fell zu pusten ... Sein Blasen wurde bald ein großer Wind, der gar nicht mehr aufhören wollte ... Die Wellen des Meeres kamen in Bewegung und rollten an den Felsen heran. Da kam ein Wal geschwommen und klatschte mit seiner Schwanzflosse aufs Wasser ... Der Eisbär wurde naß und schüttelte sich aus ... Er stieß einen langen, tiefen Laut aus ... Da klatschte der Wal dreimal aufs Wasser ..., und der Eisbär verstand: Der Wal wollte keinen Sturm, weil er in Ruhe frühstücken wollte. So blies er ein letztes Mal, doch diesmal war es lange und leise. Da wirbelten die Flocken von der Erde auf und fielen langsam wieder herab. Jedesmal, wenn eine aufs Iglu fiel, gab es einen kleinen Ton ... Davon wachte der kleine Eskimo auf. Er ging nach draußen, schnallte sich die Skier an und fuhr über den Schnee ... Alles glänzte in der Morgensonne, doch es war wie immer klirrende Kälte ... Als der kleine Eskimo wieder zu Hause war, hatte er eine leuchtend rote Nase. (S. Peter-Führe)

Indianerrhythmik

Indianer sind für Kinder – nicht nur zur Fastnachtszeit – immer noch eine der beliebtesten Identifikationsfiguren. Geschicklichkeit, Mut, Zusammengehörigkeit, Verläßlichkeit, das sind die Tugenden, die als Klischees verbreitet sind. Was indianisches Denken heute noch auszeichnet, ist von der „alternativen Bewegung" gerne als Vorbild aufgegriffen worden: ihre große Achtung vor der Natur, ihr Leben im Einklang mit biologischen Rhythmen und das behutsame Arrangement der eigenen Lebensbedürfnisse mit der Lebensumwelt.

In der Rhythmik hat bei meiner Gruppe vor allem eine Rolle gespielt, daß jedes Indianerkind später einmal Häuptling werden möchte, und dazu bestimmte Fähigkeiten entwickeln muß: Führen können und auch folgen können, horchen, schauen, wagen, aber auch singen und tanzen. Auf diese Elemente habe ich mich beschränkt.

Vorbereitung: Die Kinder haben sich bunte Federn ausgeschnitten und sie mit bunten Bändern am Kopf befestigt. Da es Fastnachtszeit war, haben sich die Kinder im Kindergarten vorher gegenseitig geschminkt.

Einstimmung: Sensibilisierung, Expressivität
Mitten im Indianerdorf sitzen alle im Schneidersitz im Kreis.
(Der Abstand zum Nachbarn soll so sein, daß die Arme schaukeln können, ohne die Nachbarkinder zu stoßen.)

Gegenseitige Begrüßung (Apatschenruf)
a ~~~~~~ (auf beliebig hohem Ton singen, die Handfläche spielt am Mund)
u ~~~~~~ (entsprechend auf beliebig tiefem Ton)

Dann verkündet der Häuptling in der Indianersprache, was sich Wichtiges ereignet hat. Das sind verschiedene sprach-rhythmische Motive, die auch gesungen werden können. Sie werden mit (Körper-)Klanggesten begleitet. Der Häuptling spricht sie vor, alle Indianer sprechen sie nach:

z.B.:	uka uka uuh	dabei aufs Brustbein trommeln
	tipi tipi tu	vor sich auf den Boden trommeln
	cumba cumbaja	im Wechselschlag patschen
	eh! akata!	eh – aufs Brustbein, dann klatschen

Jedes Indianerkind sagt auch etwas. (Wenn es einzeln noch zu schwer ist, können auch zwei Kinder zusammen zwei Motive ausprobieren und danach gemeinsam vorsagen.)

Schneidersitz – Begrüßungstanz
Alle Indianer haben das rechte Bein untergeschlagen. Sie trommeln mit beiden Händen auf das rechte Knie, trommeln daneben auf den Boden, stützen sich hier mit den Händen ab und drehen sich auf den Fußballen um die eigene Achse. Sie landen wieder im Schneidersitz, mit dem anderen Bein untergeschlagen! Die Wiederholung geht entsprechend in diese Richtung.

Spielform mit	ho hey ho	Hände klatschen
Begleitung:	tonketonke to	aufs Knie trommeln
	tonke tonke tum	auf den Boden trommeln
	ich drehe mich herum	umdrehen

Wenn es alle gleichzeitig können, drehen die Indianerkinder – ohne Sprechform – blitzschnell nacheinander.

Bewegungsspiele/Orientierung in Raum und Zeit/Flexibilität
Verschiedene Bewegungsarten der Indianer
a) Auf improvisierte Trommelmusik bewegen sich alle Indianer frei im Raum. Schweigt die Trommel, bleiben alle stehen. (Wechsel der Trommelspieler)
b) Leise und schnell rennen (Trommelbegleitung entsprechend)
c) Schleichen – aufrecht und am Boden (hellere und tiefere lang klingende Töne)
d) Schnell und mit Indianergeheul (Endsignal vereinbaren)
e) Über einen Bach springen (ein bewegtes großes Seil)
f) Ohne Musik: die Gruppe wird von einem Kind angeführt. Die anderen folgen ihm in der Schlange und reagieren auf seine Bewegungsarten.

Raumorientierung: das Indianerlager
– Jeder Indianer erhält ein Seil und sucht sich einen Platz im Raum, wo er sein Zelt stehen haben möchte. Das Seil ist die Markierung. Dabei ist darauf zu achten, daß jeder um sein Zelt gehen kann, ohne einen anderen Indianer zu behindern.
– Die Zelte werden befestigt. Pantomimisch werden jetzt nacheinander die Heringe in den Boden geschlagen. (Tip: immer von einer anderen Tonhöhe aus singen)

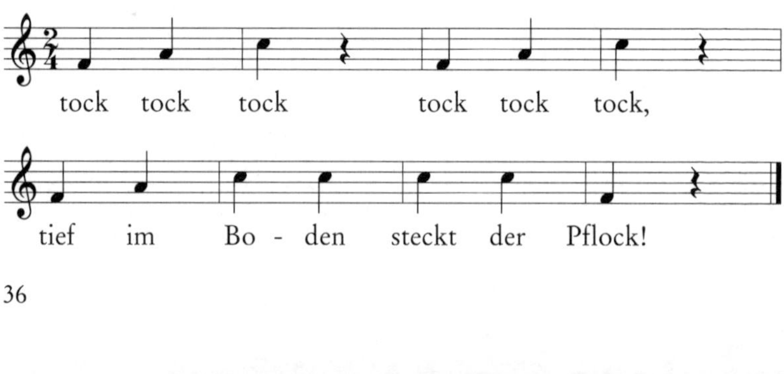

Orientierung im Raum: Findet jeder Indianer sein Zelt wieder?
Die Musik einer Flöte führt die Bewegung durch das Lager.
(Bitte keine fremden Zelte einreißen und keine Zusammenstöße!)
Am Ende der Musik sucht jeder Indianer sein Zelt.
Tip: Am schönsten klingt eine Indianerflöte aus dem Dritte-Welt-Laden, weil der rauchige Klang und die fremde Tonalität mehr Stimmung aufkommen lassen.

Indianermusik/Kommunikation und Interaktion/
Phantasie und Kreativität
Trommelklang: mit Klöppeln auf einem Trampolin (Häuptlingstrommel)
mit Klöppeln auf dem Boden
mit selbstgebauten Trommeln
mit echten Trommeln
Es können auch bunt gemischte Percussionsinstrumente sein.

a) Alle Indianer trommeln – ein einziger Ton der Indianerflöte heißt schweigen (es kann hier auch ein Kind die Flöte spielen).
b) Alle trommeln. Stellt sich ein Kind in den Kreis, schweigen alle, und das Kind spielt alleine. Ist es wieder am Platz, geht das Trommeln von allen weiter.
c) Die Indianerflöte spielt unterschiedlich schnelle Melodien, die Trommeln begleiten entsprechend.

Liedeinführung: „Indianer heißen wir“[12]
Die Trommeln bleiben am Platz. Die Liedmelodie wird als Bewegungsbegleitung eingeführt.

Text und Musik: Margot Pötschke

2. Indianer heißen wir, ahu ahu, ahu!
Ums Lagerfeuer sitzen wir, ahu, ahu, ahu!
Wir singen jetzt mit lautem Klang
den wilden Indianersang, ahu, ahu, ahu, ahu, ah–u, ahu, ahu.

12 Margot Pötschke: Zeige, was du hörst, Edition Wilhelm Hansen, Frankfurt 1970, S. 12

3. Indianer heißen wir, ahu, ahu, ahu!
   Ganz leise schleichen können wir, ahu, ahu, ahu!
   Wir laufen schneller als der Wind,
   und plötzlich wir verschwunden sind, ahu, ahu, ahu, ahu, ah–u, ahu, ahu.

1. Strophe: Die Kinder bewegen sich auf die Musik und tanzen zunächst alleine den wilden Indianertanz. Für spätere Stunden kann er mit den Ideen der Kinder als Indianertanz ausgestaltet werden.

2. Strophe: Die Kinder sitzen im Schneidersitz um ein Lagerfeuer. Sie patschen und klatschen mit.

3. Strophe: Die Melodie des Liedes wird anfangs zum Schleichen leise und langsam musiziert. Danach leise und schnell. Die Kinder bewegen sich dazu und sollen nach dem langen Ton (aaah) ein Versteck suchen.

Die Kinder haben die Musik jetzt im Ohr. Nach der bewegten Phase setzen sich alle Indianerkinder wieder um das Lagerfeuer. Nun wird das Lied (als Ruhephase) gesungen. Bei „ahu" klopfen sich alle an die Brust. Bei späteren Wiederholungen kann es mit den Trommeln begleitet werden.

Ein Indianertanz
Musik: „El Arria" aus Argentinien aus: Indianische Flöten – Alfredo de Robertis (Musik siehe Kapitel: Folkloretänze)

Takt 4/4 Vorspiel 2 Takte
Teil A) 4 Takte langsam
Teil B) 4 Takte schnell
Überleitung

Diese Folge wird 4x wiederholt, das Ende ist im schnellen Teil, ausblendend.

Einführung im Sitzkreis:
A) auf den Klöppelstielen spielen
B) mit den Klöppelköpfen auf den Boden trommeln

Tanzform: um den Lagermittelpunkt
A) Alle Indianer tanzen – gegen den Uhrzeigersinn – im Anstellschritt/Kreuzschritt, wobei sie mit den Klöppeln über dem Kopf dazuspielen (Stiel an Stiel).
B) Jeder Indianer tanzt frei im Raum und kommt mit der Überleitung wieder zurück zum Mittelpunkt (hörbares Ritardando = Langsamerwerden der Musik)

April-Rondo

Ein Rondo kommt von der alten Form des Rundtanzes oder Rundgesanges. Ein Teil kehrt immer wieder, wurde deshalb auch Kehrreim oder Refrain genannt. Dazwischen liegen einzelne Strophen, von denen jede etwas Neues erzählt.

Im April,	klatschen
im April,	patschen
macht das Wetter	klatschen
was es will!	patschen
Sonne	die Hand zeigt die Sonne
Regen	mit den Zehenspitzen trommeln
Schnee und	die Handflächen wischen
Blitz,	ein lauter Klatsch in die Luft
Donnerwetter, Donnerwetter,	stampfen
so ein Witz!	klatsch – klatsch – snip(oder klatsch)

Sonne – Sonne	die Sonne zeigen und kleinen
Sonnenschein	Kreis beschreiben;
Schicke deine hellen Strahlen!	mit jedem Wort schickt ein Arm einen
Schicke deine warmen Strahlen!	Strahl in verschiedene Richtungen;
Sonne – Sonne,	die Sonne zeigen und einen kleinen
Sonnenschein.	Kreis beschreiben.

Refrain: Im April ...

Regentropfen	die Zehenspitzen trommeln
Regentropfen	
hör ich leise draußen klopfen	
Regentropfen	
Regen	

Refrain: Im April ...

Schnee, Schnee,	die Finger der einen Hand
Schneeflocken!	wischen in der Handfläche
Schnee fällt in weißen Flocken,	der anderen hin und her
will uns zum Rodeln locken.	
Schneeflocken	
Schnee	

Refrain: Im April ...

Zick – zack,	Klatsch links, Klatsch rechts
zickeranneritz,	einen Blitz in die Luft zeichnen
hui – ein Blitz!	
zickeranneritz!	wieder einen Blitz zeichnen
Und der Donner rollt	bei „rollt“ mit den Füßen trommeln
und der Donner grollt,	ebenso bei „grollt“
rollt von fern,	nach dem Sprechen in gleicher Länge
grollt von fern,	auf den Stuhl trommeln
so ein Wetter,	klatschen
so ein Wetter,	stampfen
hab ich gern!	klatsch – klatsch – patsch

Coda:

Doch wenn früh die Vögel singen,	(pfeifen)
leis die Glockenblumen klingen,	(einzelne Töne auf ding, dong singen)
können wie den Frühling hören	die Hand macht eine Lauschgeste
und kein Wetter kann uns stören.	

(Quelle: Refrain und Coda von Wilhelm Keller aus LUDI MUSICI Bd. 1, Fidula Verlag/Boppard 1970.
Strophen und Handgesten: Susanne Peter-Führe, Variation einer Ausgestaltung von Barbara Holzapfel, der ich für die freundliche Genehmigung herzlich danke.)

Zur Textgestaltung

Das Rondo wird zum Kennenlernen sitzend im Stuhlkreis, nur mit Sprache und den Klang- bzw. Handgesten, durchgespielt. Bei späteren Wiederholungen kommen kleine Percussionsinstrumente für die Ausgestaltung der Wetterklänge im Refrain und in den Strophen dazu.

Sonne: Zymbeln, Triangel
Regen: Holzblöcke mit Klöppeln gespielt/Klanghölzer
Schnee: Handtrommeln gewischt oder mit dem Besen gespielt
Blitz: Schellenstab, Schellenring, zwei Zymbeln aneinandergeschlagen
Donner: Pauken, Trommeln, evtl. mit Klöppeln auf Tischen oder Stühlen

Beispiel für eine Einführung

Die Instrumente liegen alle in der Mitte des Raumes. Die Erzieherin zwinkert einem Kind zu, und dieses wählt sich eines aus. Ist es wieder am Platz, legt es das Instrument vor sich auf den Boden und zwinkert einem anderen Kind zu. So geben die Kinder die Aufforderung unter sich weiter. Es soll noch keines klingen, bis alle eines haben.

Die Wetterklänge improvisieren
Die Kinder sollten nun mit ihren Instrumenten in Spielkontakt kommen und ein wenig ausprobieren. Dabei sollen sie auch angeregt werden, laute und leise Spieltechniken zu finden.

Dann spielt ein Kind nach dem anderen reihum seine Klänge, mal laut, mal leise. Die anderen Kinder machen Vorschläge, zu welchem Wetter dieser Klang gut passen würde. Bei dieser Runde können die Kinder auch die Feinheiten hören, die bei der gemeinsamen Aktion nie so deutlich werden.

Danach werden die einzelnen Wetter angespielt. Die Erzieherin ruft z.B.: „Regen", und alle Kinder mit passenden Klängen spielen Regenmusik.

Wenn mehrere Kinder in Aktion sind und das Klangergebnis nicht mit dem Wetter übereinstimmt, kann man die Kinder bitten, noch einmal genau zu horchen und ihre Instrumente so zu spielen, daß es stimmig klingt. Das ist vor allem dann wichtig, wenn Kinder anfangen, auf den Instrumenten herumzutoben und sich abreagieren wollen. Eine Sonne klingt nicht wie ein Blitz, also muß das Spiel auf der Triangel z.B. anders dosiert sein. Ebenso klingen Regentropfen nicht wie Donnergrollen. Meistens gelingt es, die Kinder über diese Bilder zu einem entsprechenden Spielverhalten zu bewegen.

Die Wetterklänge im Rondo
Welches Instrument paßt zu welchem Wetter am besten? Die Kinder ordnen ihre Instrumente den fünf Wetterstrophen zu. Sie setzen sich dafür mit ihren Instrumenten jeweils an einem Ort zusammen. (Räumliche Ordnung schafft klangliche Ordnung, gemeinsamen Einsatz, die Konzentration wird erleichtert.)

Gestaltungskriterien für die Kinder:
- Spiele dein Instrument so leise, daß die Stimmen noch deutlich hörbar sind.
- Findet euren Einsatz im Refrain und in den Strophen. Ihr beginnt mit eurem Text zu musizieren und beendet euer Spiel, wenn der Text endet.
- Spielt im Puls bzw. Rhythmus der Sprache.
- Gelingt es euch, gleichzeitig zu sprechen und zu musizieren?

Eine Singfassung
Für das instrumentale Begleiten der Strophen habe ich einfache ostinate Begleitformen für Saitenspiele, Glockenspiel und Xylophone angegeben. Wenn die Kinder bereits erste Kontakte mit diesen Instrumenten hatten, sind sie sofort umsetzbar. Wollen Sie aber mit diesem Rondo diese Instrumente erstmalig einführen, so müssen Sie für das Kennenlernen und Kontaktfinden zu den Instrumenten etwas mehr Zeit einplanen.

C G C G
Im A - pril, im A - pril,
F C G D G
macht das Wet - ter, was es will:
C G F G
Son - ne, Re - gen, Schnee und Blitz,
F C G C
Don-ner-wet-ter, Don-ner-wet-ter, so ein Witz,
F C G C
Don-ner-wet-ter, Don-ner-wet-ter, so ein Witz!

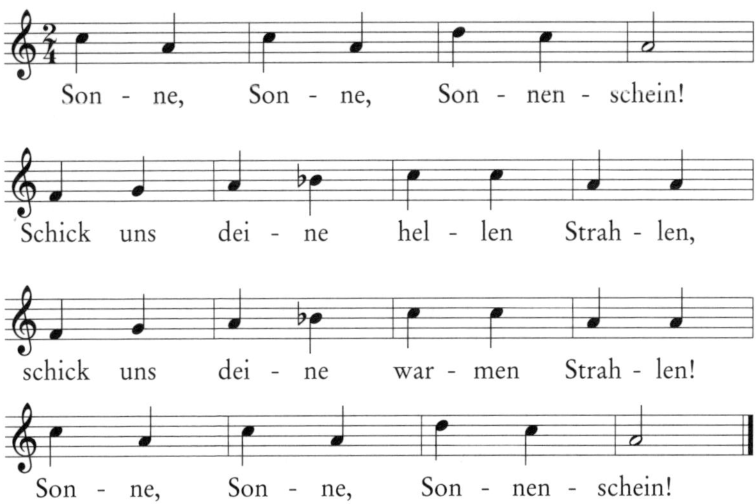
Son - ne, Son - ne, Son - nen - schein!
Schick uns dei - ne hel - len Strah - len,
schick uns dei - ne war - men Strah - len!
Son - ne, Son - ne, Son - nen - schein!

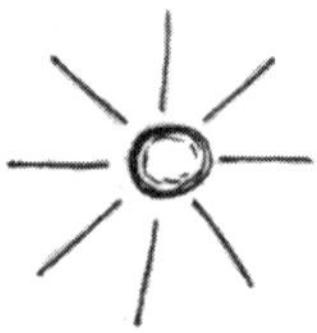

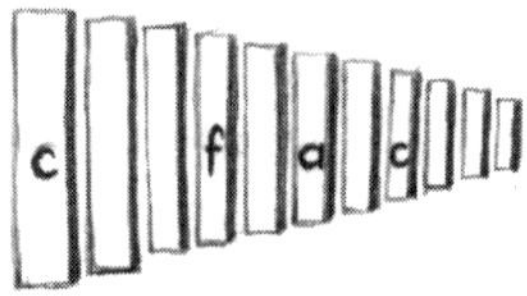

Glockenspiel

Xylophon, Klangstab

mit Saitenspiel

a)

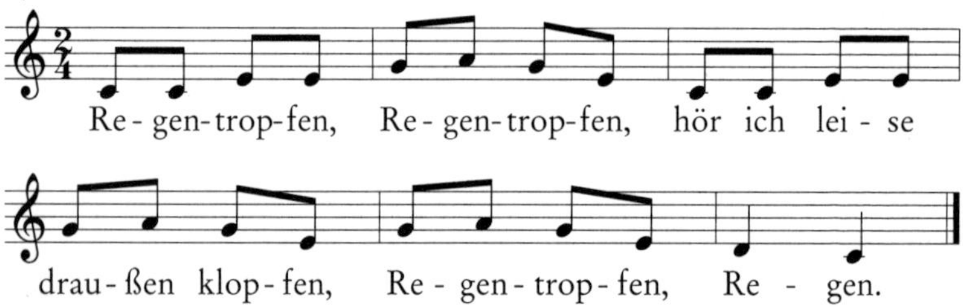

b)

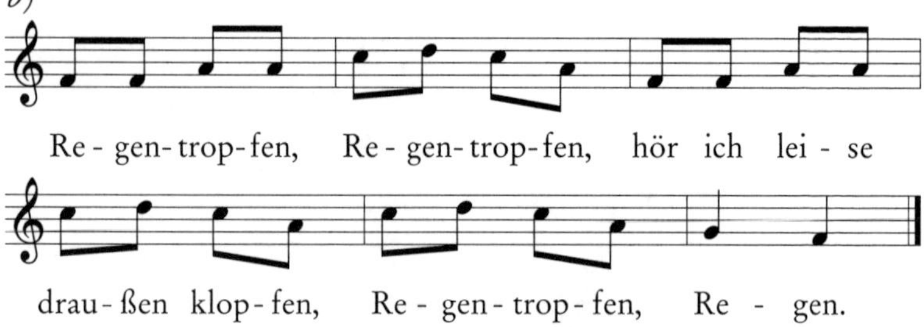

a) Saitenspiel

b) Glockenspiel, Xylophon

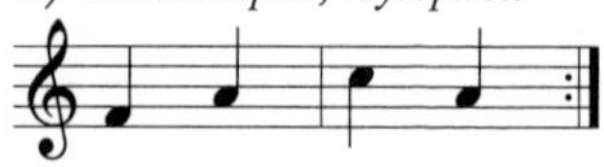

Schnee, Schnee, Schnee - flok - ken, Schnee fällt in
wei - ßen Flok - ken, will uns zum
Ro - deln lok - ken. Schnee - flok - ken, Schnee!

Saitenspiel
Glockenspiel

C C C F C
Zick, zack, zik - ke - ran - ne - ritz!
C G C C F C
Hui ein Blitz, Zik - ke - ran - ne - ritz!
C C G
Und der Don-ner rollt: f
G7 C
und der Don-ner grollt: f

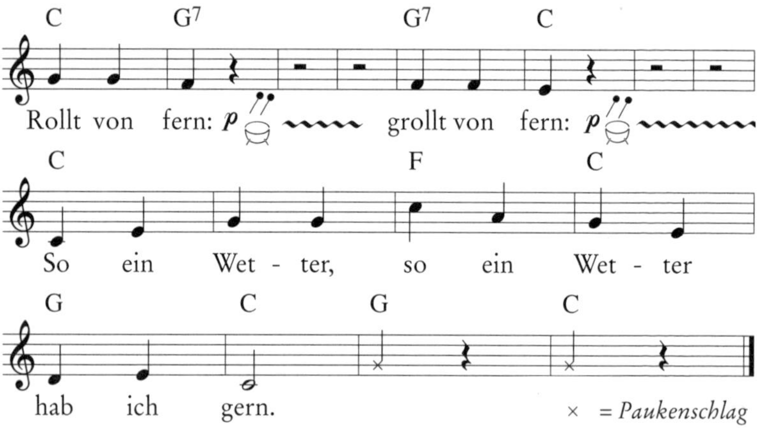

Variationen und Erweiterungen

– Als Variante kann es auch ein Rondo im Wechsel vom gesprochenen Refrain und gesungenen Strophen (mit instrumentaler Begleitung) werden.

– Oder alle singen den Refrain mit den beschriebenen Gesten. Dann spricht jeweils die Instrumentengruppe den Text für ihr Wetter und begleitet dazu. Als weitere Differenzierung kann es so weitergehen: die Kinder bewegen sich zum Singen des Refrains durch ihr Klassenzimmer/ihren Gruppenraum. Die Wetterklänge spielen sie statt auf den Instrumenten auf den Tischen.

– Als neues Klangereignis: ein Flüsterdurchgang, nur mit den Rhythmen der Klanggesten, den Handgesten, den Instrumentalklängen. Dies wirkt sehr spannend und ist eine schöne Klangmalerei. (Dazu müssen aber alle Kinder das Rondo auswendig können.)

– Als Bewegungsspiel: die fünf Instrumentengruppen liegen im Raum verteilt: Die Erzieherin spielt die Melodie auf einem Instrument, die Kinder bewegen sich dazu im Raum. Am Ende gehen sie zu den nächstliegenden Instrumenten. Die Erzieherin (oder ein Kind) ruft/rufen ein Wetter auf, danach ein anderes ... Die entsprechenden Kinder spielen auf ihren Instrumenten. (Häufiger Wechsel macht es abwechslungsreich und spannend.)

Zwischendurch spielt die Erzieherin wieder die Melodie zum Bewegen. Die Kinder spielen auf diese Weise immer wieder mit anderen Instrumenten und müssen flexibel auf die neu entstehende Situation reagieren.

Bilder und Musik zum Wetter
Die Kinder malen zu den Erscheinungen des Wetters ein oder mehrere Bilder. Sie dienen als Vorlage für eine instrumentale Improvisation: ein Kind zeigt auf ein Wetterbild, die anderen spielen auf ihrem Instrument, wenn ihr Wetter an der Reihe ist. Durch verschieden lange Zeitabschnitte und die Häufigkeit der Wetterwechsel wird das Reaktionsvermögen wie die Konzentration der Kinder stark angeregt. Das dirigierende Kind wechselt, indem es ein anderes Kind benennt. Dabei können Kinder die Instrumente wechseln, so daß sie nun zu einem anderen Wetter gehören und umschalten müssen.

Steigerung: Es kann auch einmal Sonne und Regen oder Schnee und Blitz etc. gleichzeitig sein!

Tip: Es lohnt sich, dieses Musizieren auf einem Kassettenrekorder aufzunehmen. Dann können die Kinder beim Anhören die Wetter erraten.

Sprechen und rhythmisches Malen
Probieren Sie einmal für sich, die Strophe zu sprechen und dazu mit Wachskreiden zu malen, z.B.:

Sonne – kreisen, danach die Strahlen, in jeder Wortlänge einer
Regen – tupfen im Sprechrhythmus
Schnee – breiter Stift, gaukelnd
Blitz – heftige Bewegungen
Donner – in beiden Händen je eine Farbe

Bewegung zum Wetter
Die Kinder teilen sich in zwei Gruppen. Die Erzieherin zeigt auf das Wetterbild. Die eine Gruppe musiziert die entsprechenden Klänge, die anderen Kinder bewegen sich spontan auf das Gehörte. (Da sie den Inhalt der Bewegung schon kennen, führt sie neben dem Klang auch häufig das Bild: ich bin die Sonne, der Regen, eine Schneeflocke, ich zucke wie ein Blitz und trampel und klinge wie Donner.)

Kleine Gestaltung mit Musik und Bewegung
Über die improvisierte Bewegung kann die Gruppe zu einer musizierten und bewegten Gestaltung finden, die durchaus auch einmal vorgeführt werden könnte. Normalerweise könnten Sie aus den improvisierten Formen der Kinder Elemente aufgreifen, sie ansprechen, die Kinder diese gegenseitig zeigen lassen und dann bewußt die Gestaltungsformen festlegen. Hier ein Beispiel aus meiner Gruppe:

Den *Refrain* gestalten die musizierenden Kinder allein. Die bewegende Gruppe steht und bereitet sich innerlich auf ihren nächsten Wettereinsatz vor.

Die Sonne – die Kinder stehen zusammen in einem Kreis. Sie beschreiben mit jeweils dem gleichen Arm eine ruhige Kreisbewegung über vorne, nach oben, zur Seite, nach hinten, nach unten. Dann folgt der andere Arm mit der gleichen Bewegung. Der Blick folgt dem Arm. Die Kinder finden dabei ein gemeinsames Tempo, das sich am besten an der musikalischen Zeit orientiert, es kann auch über das Führen und Folgen durch ein Kind geschehen.

Regentropfen – die Kinder hüpfen auf den Zehenspitzen durcheinander, so daß sie das leichte Tippen selbst hören können. Für eine Endfassung empfehle ich eine instrumentale Strophe, danach die gesungene. Die bewegenden Kinder haben dann etwas mehr Zeit, das ist für diese Bewegung organischer.

Schneeflocken – die Kinder drehen langsam durcheinander durch den Raum, locken evtl. mit dem Finger die Zuschauenden. (Auch hier könnte eine instrumentale Strophe vorausgehen.)

Blitz – die Kinder klatschen an zwei verschiedenen Raumpunkten, am effektvollsten auf unterschiedlichen Raumebenen. Den Blitz malen sie sehr groß in die Luft. Von oben nach unten oder von einer Seite zur anderen, diagonal oder um sich herum, es gibt so unterschiedliche Möglichkeiten. Jedes Kind soll sich seinen Blitz selbst aus der Bewegungslust gestalten.

Donner – das laute Trampeln. Erst am Platz in heftiger Bewegung, dann, für den entfernten Donner, bewegen sich die Kinder gemeinsam in eine Ecke und trampeln dabei ein wenig leiser.

Coda: Die ersten beiden Zeilen werden jeweils von einem Kind allein gesprochen. Die bewegenden Kinder verbleiben in der Ecke und pfeifen. Danach wechseln sie zu einem Schaukeln am Platz und singen leise Töne auf ding-dong durcheinander. Über diese Töne und wechselweises Pfeifen spricht die andere Gruppe den restlichen Text.

Zum Schluß: ein C-Dur Klang, gespielt auf den roten Saiten des Saitenspiels, auf den Xylophonen oder nur von der Erzieherin auf der Gitarre, evtl. begleitet von einem ganz leisen Tremolo der Schelleninstrumente. Er rundet diese Spielfassung ab.

Methodischer Tip

Ich vermeide Wertungen wie „du bist zu laut“ etc., und versuche, den Kindern immer wieder Wahrnehmungsanreize, Kriterien oder Bilder zu geben, an denen sie ihr Tun orientieren können. Sie sollen ihre Lösungen selber finden können. Denn wenn sie einmal selbst erkannt und gesagt haben „die Trommel klingt noch zu laut“, können sie mit dieser errungenen Wahrnehmungsfähigkeit wacher weitermusizieren. Dabei wächst auch die Fähigkeit der Kinder zu gegenseitiger Akzeptanz und Verhaltensänderung.

Didaktischer Tip

Je nachdem, welche Elemente Sie mit dem Aprilrondo spielen wollen und welche Voraussetzungen die Kinder mitbringen, gibt es unterschiedliche

Fähigkeiten zu erarbeiten. Aus der Beobachtung können Sie bald erkennen, ob Sie ihnen mehr Zeit lassen müssen, um mit den instrumentalen Anforderungen zurecht zu kommen. Oder ob sie darin weniger die Feinheit suchen und dafür mehr malen und improvisiert musizieren wollen. Das Material „Gedicht“ ist neutral. Sie können es im Kindergarten wie in der Sprachheilschule wie in der Grundschule einbringen. Es kommt immer darauf an, welche Möglichkeiten und Bedürfnisse eine Gruppe mitbringt, und was Sie den Kindern auf Ihre Art und Weise vermitteln wollen.

Aus technischen Gründen habe ich die Ostinati so gestaltet, daß bei jedem Instrument immer Töne aus dem gleichen Tonvorrat anzuspielen sind. Beim Saitenspiel beschränke ich mich auf die roten Saiten des C-Dur Dreiklangs, bei den Stabspielen auf die Töne des F-Dur-Dreiklangs. Diese Reduzierung erleichtert den Kindern das Orientieren und ermöglicht ihnen gleich das Erlebnis, mit ihrem bescheidenen Tun an dem gemeinsamen Klang, an der Musik dabeizusein.

Der Wind

Naturereignisse haben die Menschen aller Völker zu allen Zeiten veranlaßt, sie in ihren kulturellen Ausdrucksformen wie in der Dichtung, der Musik und dem Tanz aufzugreifen. Für Kinder ist es eine Verstärkung ihres Naturerlebens, wenn es mit musischen Elementen, mit Liedern, Gedichten oder Geschichten bereichert wird.

Das folgende Rätsel habe ich für eine Gruppe ausgewählt, weil der kurze Text leicht erfaßt werden kann, ihnen zum Bewegen großen Freiraum läßt, aber auch einen klaren Rahmen zum Orientieren bietet.

Viele Bäume stehn im Wald.
Die Luft bewegt sich bald,
da kommt jemand geflogen,
der hat die Bäume gebogen.
Manche Bäume wirft er gar um,
die Blätter tanzen ringsherum.
Und ist er wieder fort,
steht jeder Baum
ganz still
am Ort.

Nun ratet mal geschwind,
wer war denn das?

(mündl. überliefert)

Gestaltungsvorschlag

Die Kinder teilen sich in zwei Gruppen: Windkinder und Bäume.
Die Windkinder erhalten einen Windstab und stehen zusammen in einer Ecke im Windhaus.
Die anderen Kinder wählen sich einen Platz im Raum und stehen dort „wie ein Baum".
Die Erzieherin spricht den Text. Dabei soll nach jeder Zeile eine Pause sein, damit die Kinder das Gehörte im Spiel darstellen können:

Viele Bäume stehen im Wald.	–	Stehen in Ruhe. Vom Wind ist noch nichts zu hören.
Die Luft bewegt sich bald,	–	Im Windhaus beginnen die Kinder, mit den Windstäben zu rascheln,
da kommt jemand geflogen,	–	die Windkinder sausen zwischen den Bäumen umher,
der hat die Bäume gebogen.	–	die Bäume biegen sich, schwanken mit den Ästen,
Manche Bäume wirft er gar um,	–	wer will, fällt zu Boden,
die Blätter tanzen ringsherum,	–	die Baumkinder zeigen das mit bewegten Armen und Händen, während die Windkinder ihnen mit den Windstäben um die Hände spielen,
und ist er wieder fort	–	die Windkinder sausen durch den Wald zurück ins Windhaus und werden still,
steht jeder Baum	–	die Bewegung der Baumkinder beruhigt sich wieder,
ganz still am Ort.		die Sprache wird langsam und beruhigt das Spiel.

Nach einigen Sekunden Stille wechseln die Kinder ihre Rollen. Wenn die Gruppe klein ist, kann das Spiel auch zwischen Gruppe und Erzieherin stattfinden. Diese muß dann erzählen und spielen gleichzeitig.

Differenzierung der Bewegung

Nachdem die Kinder diese erste Fassung spontan reagierend gespielt hatten, setzten wir uns zusammen und besprachen einige Details. Denn die Wildheit des Windes kann mit einigen bewußten Momenten eine Gestaltung erfahren:

Das Rascheln des Windes
Wenn es nach den Kindern ginge, würde es ununterbrochen rascheln, denn die Bänderstäbe fordern das Bewegen und Spielen geradezu heraus. Doch setzt der Text die Grenzen, und so spreche ich den Text noch einmal, und die Kinder sollen mir sagen, ab wann der Wind zu hören ist („Die Luft bewegt sich bald ...") und auch, wann der Wind nicht mehr zu hören ist („und ist er wieder fort"). Die Kinder sollen nun eine besondere Haltung für das Stillsein des Windstabes finden.

Der Wind in den Blättern
Wie könnt ihr mit dem Windstab um die Hände der Baumkinder spielen, so, wie der Wind in den Blättern spielt? Die Kinder probieren das als Partnerübung aus. Es erfordert vom Windkind einen behutsamen Krafteinsatz und eine große Wachsamkeit, um dem anderen Kind nicht auf die Finger zu hauen.

Das Biegen der Bäume
Damit die Bäume sich wirklich biegen, und nicht nur mit den Armen schwanken, probieren die Kinder dieses „Biegen" einmal bewußt aus. Wohin kann ich mich biegen, wenn meine Beine am Platz wie angewurzelt stehen? Nach vorne, zu den Seiten, sogar ein wenig nach hinten. Als Zwischenübung kann ein Partnerkind einem anderen an verschiedenen Körperstellen mit der ganzen Hand leichten Druck geben. So biegt sich dieses immer in Richtung der Kraft.

Mit diesen Gestaltungskriterien kann nun im Anschluß daran noch einmal eine Gedichtfassung dargestellt werden. Meine Schulkinder hatten den Wunsch, dieses Spiel der Parallelklasse zu zeigen. Sie hatten es in der Turnhalle gespielt und wiederholten es nun im Klassenzimmer. Festzulegen war nur eine Ecke als Windhaus und die Bitte an die Baumkinder, sich so aufzustellen, daß der Wind um sie herumsausen kann. Wenn dann alles ganz ruhig ist, geht es los.

Bastelanleitung für den Windstab
5 mm dicke Rundstäbe (1 m lang) werden in ca. 30 cm lange Stäbe gesägt. Dann schneidet man von einer Krepprolle 2 cm breite Streifen ab. Das dabei entstehende lange Band wird nun um die Stabenden gewickelt. Zuletzt wird eine Seite aufgeschnitten. Die andere Seite wird um das Stabende gelegt und mit buntem Tesa am Stab befestigt.

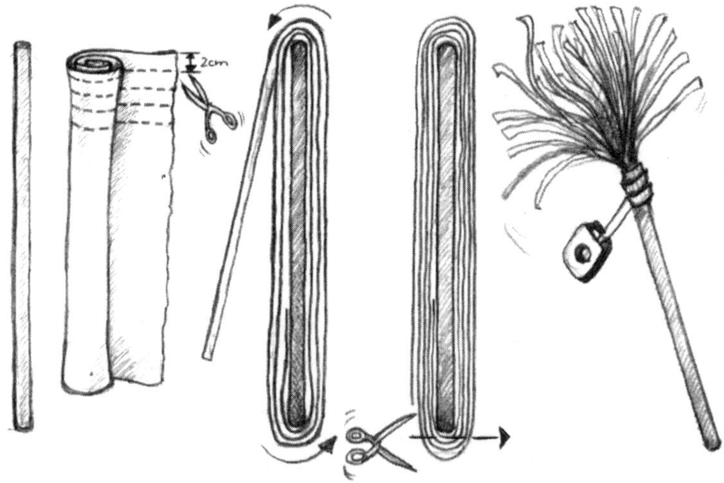

Ein Windlied: Es biegen sich die Bäume
Dieses Lied hat einen sehr eingängigen Refrain, in den die Kinder schnell mit einstimmen. Dazu bewegen sie den Windstab im Tempo der Viertelnoten. Die Bewegung ist dabei groß, das Geräusch sehr leise. Zu den kurzen Strophen spielen sie mit dem Windstab im Tempo der Achtelnoten, kreuz und quer. Die Bewegung dabei ist klein, das Geräusch dafür viel lauter.

Wenn die Kinder mehr Platz haben wollen zum Bewegen, können sie sich im Raum einen Platz wählen und sich dort bewegen und musizieren.

Musik: Aus Afrika (Zulu Folksong)
Deutscher Text: Heinz Lemmermann
aus: Die Sonnenblume/Fidula 1992

2. Es biegen sich …
   Die Blätter trudeln hin und her,
   die Blätter trudeln kreuz und quer.
   Es biegen sich …

3. Es biegen sich …
   Die Vögel flattern hin und her,
   die Vögel flattern kreuz und quer.
   Es biegen sich …

Einfache Bordunbegleitung

Ostinato:

Den zweiten Teil der Rhythmikstunde haben die Kinder mit dem Windstab frei spielen können. Ich beobachtete ihre Bewegungen und sah: von einer Hand zur anderen werfen und fangen/hochwerfen und fangen/weit von sich werfen wie einen Pfeil. Mit diesem Spiel ergab sich eine Gruppenidee: im Kreis stehend, werfen alle a) gleichzeitig, b) schnell nacheinander ihren Stab zur Mitte, dann holt sich jedes Kind wieder seinen heraus.

Als Abschluß der Stunde blies der Wind im Windstab: erst heftig und ungestüm, dann fein und leise, mit langem Atem. Danach legten die Kinder ihre Stäbe (auf eigenen Wunsch) in eine Sonnenform.

Der Schmetterling

Die Metamorphose von der erdgebundenen blätterfressenden Raupe zum federleichten, fliegenden, nektarsaugenden Falter ist ein faszinierendes Ereignis in der Natur. Durch das Buch der kleinen Raupe Nimmersatt von Eric Carle ist es vielen Kindern vertraut geworden.

Dieses Thema wurde von einer Kindergartenleiterin an mich herangetragen, um in einem Familiengottesdienst mit einer Kindergruppe eine kleine Aufführung mit Bewegung und Musik zu gestalten. Es waren 12 mitwirkende Kinder im Alter von fünf bis sechs Jahren dabei. Um die Spielfreude der Kinder zu erhalten, haben wir uns zum Erspielen und Proben auf drei Rhythmikstunden begrenzt.

Einstimmung, Vorbereitung
Die Kinder hatten im Kindergarten das Schmetterlingslied kennengelernt. Sie haben es gesungen, musiziert und eigene kleine Bilder dazu gemalt. Zum Zwecke der Aufführung haben sie die Stadien Ei – Raupe – Puppe (Kokon) – Schmetterling noch auf großen Wandbildern gestaltet. Für die erste Rhythmikstunde haben sie sich außerdem große Blumenblätter auf Papier gemalt und ausgeschnitten.

Musik und Text: Susanne Peter-Führe

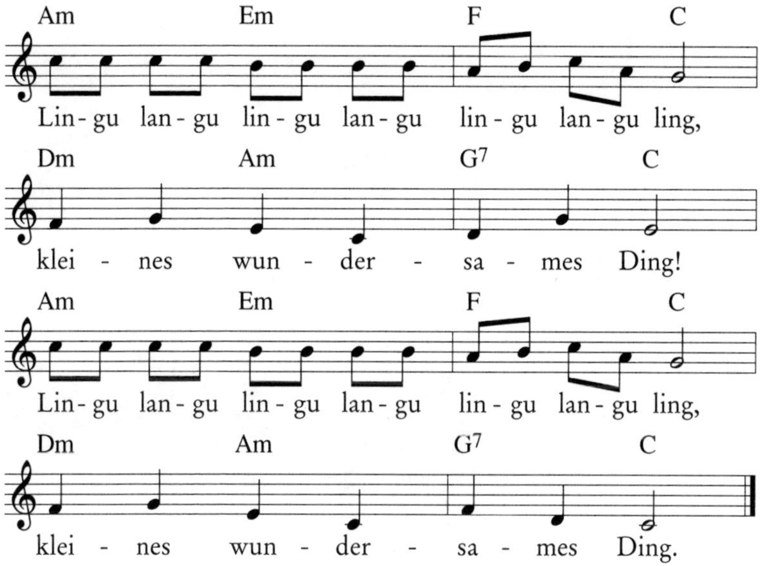

2. Die Raupe fraß sogleich das grüne Blatt,
   und war danach noch überhaupt nicht satt.
   Den ganzen Monat fraß sie immerzu,
   sie wurde dick und lang und faul dazu.

   Refrain: Lingulangu lingulangu lingulangu ling,
   kleines wundersames Ding!

3. Sie spann sich einen Faden dünn und lang
   und band sich an der Futterpflanze an.
   Um sich herum spann sie ein kleines Haus
   und ruhte sich darin zwei Wochen aus.

   Refrain: Lingulangu lingulangu lingulangu ling,
   kleines wundersames Ding!

4. Ein Wunder ist in diesem Schlaf geschehn,
   die dicke Raupe ist nicht mehr zu sehn:
   sie brach den Kokon langsam wieder auf
   und flog als bunter Schmetterling heraus!

   Refrain: Lingulangu lingulangu lingulangu ling,
   kleines wundersames Ding!

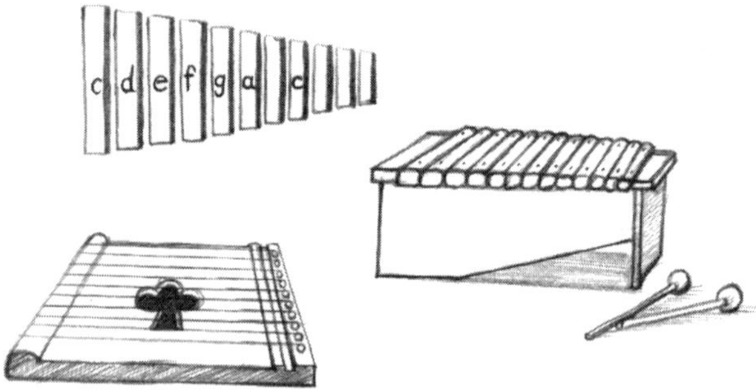

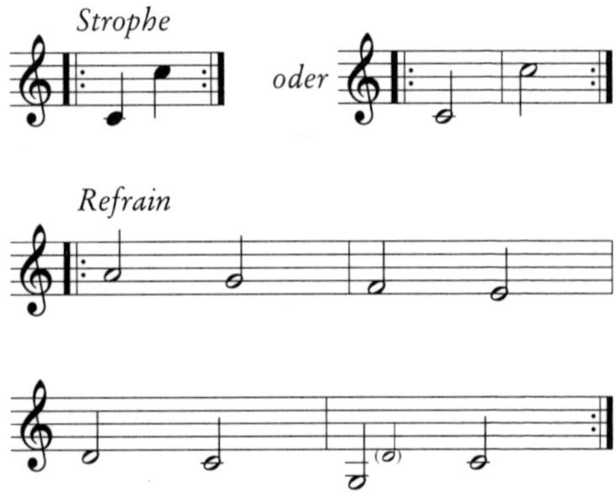

Bitte beachten Sie: Beim Refrain passen die Gitarrenakkorde und die Begleitmelodie zusammen.

Bei den Strophen müssen Sie sich entscheiden, ob Sie mit den Kindern gemeinsam die ostinalen Töne spielen oder ob die Kinder auf ihren Instrumenten pausieren und Sie die Begleitung mit den Harmonien auf der Gitarre alleine spielen.

Die erste Rhythmikstunde:
Die Kinder konnten die Entwicklung des Schmetterlings in der Bewegung erleben. Drei Punkte waren dabei wichtig: im Raum: das eigene Blatt, in der Bewegung: drei Elemente.

Die Musik verzaubert die Kinder:
- Zymbelklänge in das Ei
- das langsame Streichen über ein Xylophon/eine Guiro in die Raupe
- die Liedmelodie in den fliegenden Schmetterling.

Die Aufgaben der Kinder: Sie wählen sich Raumwege, achten darauf, daß nichts verschoben wird, reagieren auf den Klang, erleben die unterschiedlichen Qualitäten der Bewegung.

Jedes Kind wählt sich für sein Blatt einen Platz im Raum. Dort legt es sich drauf. Die Erzieherin spielt dazu auf einer Zymbel. Wenn die Kinder die Schmetterlingsmelodie hören, flattern sie als Schmetterling zwischen den Blättern hindurch. Nach der Strophe suchen sie wieder ihr Blatt auf, und ein Zymbelklang verwandelt sie in das Ei (die Zymbel muß dabei ein wenig länger gespielt werden, damit die Kinder suchen, sich hinlegen und ruhen können). Nach einigen Wiederholungen kommt ein neuer Klang: der knarrende Klang einer Guiro/eines Xylophons (wenn man langsam, aber fest über die Hölzer fährt). Was beschreibt die Musik jetzt? Die Kinder kriechen zu diesem Geräusch zwischen den Blättern hindurch. Sie achten darauf, daß kein Blatt verschoben wird. Mit diesen Elementen kriechen, zusammenrollen, fliegen wird eine kleine Weile gespielt.

Die Blätter bilden ein Zentrum im Raum

Die Kinder holen ihre Blätter. Sie werden jetzt in der Mitte des Raumes zu einer Form gelegt. Wie diese aussieht? Ich weiß es nicht. Sie wird entstehen. Z.B.: Ein Kind legt sein Blatt auf den Boden. Dann zwinkert es einem anderen Kind zu …

(Diese Zeit ist im Gesamtablauf eine Ruhepause zwischen dem bewegten Anfangs- und Schlußteil. Das Zentrum entspricht bei einem Gottesdienst dem Altar, der im Gestaltungsablauf mit eingeplant sein muß.)

Die Gruppen-Raupe

Für die Aufführung in der Kirche ist alles, was am Boden stattfindet, wie Ei und Raupe, von hinten nicht mehr zu sehen. Die Lösung war, mit allen Kindern ein Ei und eine Raupe zu spielen, um nur den Schmetterling jedem Kind allein zur Ausgestaltung zu überlassen. Das forderte die sozialen Fähigkeiten der Kinder heraus.

Vorübung: Kennenlernen des Bewegungstempos durch die Musik

– Die Liedmelodie wird auf dem Xylophon/auf der Flöte gespielt. Die Kinder klatschen im Vierteltempo mit. Auch wenn die Musik ihre kurze Pause macht, klatschen sie weiter.

– Danach bewegt sich jedes Kind alleine in diesem Tempo durch den Raum. Wenn es den Kindern schwerfällt, dieses Tempo in den Füßen zu halten, sollen sie ein wenig stampfen. Durch diesen höheren Energieeinsatz wird es bestimmter.

– Die Kinder bilden zwei Raupen. Jeweils ein Kind führt die „Raupe" an, die anderen folgen, mit Handkontakt auf den Schultern. Entsprechend der Musik bewegen sich die Raupen mit kleinen Schritten durch den Raum. Das Tempo wird dazu auf der Guiro geklopft (damit die Melodie nicht zu oft gespielt wird. Das läßt sonst ihren Reiz absterben).

– Für das führende Kind ist es von großer Bedeutung, auch einmal mitten in der Raupe gewesen zu sein, um das Erlebnis im begrenzten Bewegungsraum zu haben. Deshalb wechselt die Führung auf ein Zeichen, z.B. ein gesungenes „dang". Die Kinder versuchen, den Wechsel ohne Unterbrechung ihrer Bewegung zu arrangieren.

– Die nächste Anforderung: Da im Altarraum der Kirche auch Stufen sind, mußten diese beim Bewegungsverhalten mitbedacht werden. Langbänke und Matratzen waren die Hindernisse, die von den Kindern in der Bewegung als Raupe bewältigt werden mußten. Ziel war, daß niemand stolperte und auch die Raupe nicht zerriß.

Die zweite Rhythmikstunde:
Ziel der Arbeit ist das Festigen und Ausbauen der Elemente Gruppenei, Gruppenraupe, das Einbeziehen von Stoff und Tüchern als Requisiten. Bewegen als Schmetterling mit bunten Tüchern.

Vorbereiten:
für jedes Kind zwei Tücher als Flügel,
Wäscheklammern, vier Stück für jedes Kind
ein Stück buntes Klebeband als Kennzeichnung des Treffpunktes
ein (oder zwei) großes, grünes Tuch für die Raupe
1 weißes Leintuch für das Ei
die Futterpflanze: eine große, gebastelte Pflanze mit Blättern, in denen viele Löcher erkennbar sind. (Besenstiel mit Tonpapierblättern z.B.)

Einstimmung: Vom Gruppenei in die Bewegung
Die Kinder befestigen sich gegenseitig ihre Tücher. Sie werden an den langärmeligen Kleidungsstücken unter der Achsel und vorne beim Handgelenk angeklammert. Sie treffen sich an einem Platz, der durch ein kleines Kennzeichen (ein Stückchen farbiges Klebeband) Start und Zielpunkt ist. Die Kinder legen sich eng zusammen, die Erzieherin legt ihnen dann das weiße Tuch über den Kopf. Wenn es weggezogen wird, bilden die Kinder spontan eine Raupe. Mit der gespielten Musik des Schmetterlingsliedes gehen sie durch den Raum. Danach lösen sie sich und fliegen allein als Schmetterling durch den Raum. (Dabei sollen die Kinder nicht zusammenstoßen und eigene Wege suchen.)

Die Raupe
Das führende Kind für die Raupe wird jetzt von der Erzieherin bestimmt. Es muß so sicher sein, daß es auch in der Aufregung der Vorführung die Raupenkinder sicher führen kann. Dann bewegt sich die Raupe auf die Percussionsbegleitung (Guiro) durch den Raum. Jetzt legt die Erzieherin den Kindern ein grünes Tuch über die Köpfe. Wenn einige Angst bekommen sollten, dürfen sie sich das von außen ansehen und die Wirkung erleben.

Auf die Musik der Strophenmelodie bewegt sich die Raupe durch den Raum. Wie geht das, ohne über die Füße des vorderen Kindes zu stolpern? Beim Bewegen auf den Boden sehen, und mit den Händen spüren, wohin es geht!

Das Fressen
Das Tuch wird zunächst wieder weggelegt, um die neuen Elemente des Wachsens und des Einspinnens zum Kokon sehend kennenzulernen. Die Erzieherin/oder ein Kind hält die Futterpflanze in der Hand. Die Kinder bewegen sich leicht am Platz. Wie können wir zeigen, daß die Raupe dick wird? Die Kinder nehmen die Arme gerundet zur Seite. Damit alle Kinder diese Wirkung nun mit dem Tuch sehen können, wird die Gruppe geteilt. Die einen spielen das Wachsen unter dem Tuch, die anderen schauen zu. Dann wird gewechselt.

Als letzten Entwicklungsschritt probieren die Kinder, sich um die Pflanze zu winden. Der Effekt für die Zuschauer wird größer, wenn die

Kinder eine Spirale von oben nach unten bilden können. Das bedeutet, das erste Kind hält das grüne Tuch fest und bleibt stehen, alle anderen machen sich der Reihe nach ein wenig kleiner, lassen aber die Arme gerundet. Das letzte Kind sitzt am Boden. Der Bewegungsweg von der dicken Raupe zu dieser Spirale muß einige Male ausprobiert werden. Zuerst ohne Tuch, dann mit dem Tuch. Und dazu dann auch die Musik der dritten Strophe. Während des Refrains bleiben die Kinder alle ruhig (Schlafzeit der Raupe).

Danach dürfen sie frei als Schmetterlinge durch den Raum fliegen. Die Erzieherin kann auf den Lingulangu-Silben dazu improvisieren.

Den Abschluß der Stunde bildete ein Gesamtdurchgang vom Gruppenei bis zum Fliegen: einmal ohne Tuch zum klaren Mitvollziehen aller Bewegungen, und einmal mit dem Tuch wegen der Vorführung.

Die dritte Rhythmikstunde:
Sie fand im Kirchenraum selber statt, so daß sich die Kinder gleich mit den räumlichen Verhältnissen vertraut machen konnten. Das ist wichtig, denn jeder Raum beeinflußt das Verhalten und das Handeln. Die Geborgenheit eines kleinen Rhythmikraumes ist anders als die Weite einer Kirche.

Die Sitzplätze, die Plätze für das Ei und für das Fressen an der Pflanze werden festgelegt. (Alles weitere können die Kinder mit ihrem Verhalten auf die Musik und mit den Erfahrungen als Raupe aus den ersten beiden Stunden selbst finden.)

Die großen Bilder mit den Entwicklungsstadien des Schmetterlings werden an der Wand befestigt. Dann singen die Kinder das Schmetterlingslied und horchen auf den Klang in dem Raum. Danach spielen sie den Ablauf wie in der Stunde zuvor zuerst ohne Raupentuch, aber bereits mit der Musik durch. Unklare Stellen oder Schwierigkeiten wie Treppen o.ä. werden noch mal probiert. Zur Probe mit dem Tuch kann auch eine andere Kindergartengruppe zum Zuschauen eingeladen werden. Das motiviert die Kinder sehr, wenn es gleich „richtig" wie bei der Vorführung ist.

Der Ablauf

1. Das Ei
Die Kinder helfen sich wieder gegenseitig, die Tücher als Flügel festzumachen, und warten so auf ihrem Sitzplatz auf ihren Auftrittsmoment. Wenn es soweit ist, hocken sie sich an ihrem Startpunkt im Kreis hintereinander auf den Boden. Die Erzieherin legt ihnen das grüne Tuch darüber, so daß nur das später führende Kind frei bleibt. Danach legt sie noch das weiße Leintuch über die Kinder. Sie bilden nun gemeinsam das Ei. Die anderen Kinder singen jetzt die erste Strophe. Als Begleitung klingen Saitenspiele/oder Metallophonklänge/oder ein stehender Akkord auf der

Gitarre. (Vielleicht können auch einige Eltern zum Begleiten motiviert werden. Es ist ja ganz einfach.)

2. Die Raupe
Sind die Töne verklungen, gibt es keinen kurzen Moment Stille. Danach ertönt das Knacken auf der Guiro. Das weiße Tuch wird von einem Elternteil weggezogen. Die Kinder stehen auf und bilden mit ihrem Handkontakt die Raupe. Die Erzieherin spielt die Melodie der Strophe einmal auf der Flöte, die Raupe bewegt sich dazu.

Danach singen die Kinder die 2. Strophe. Ein Kind hält dabei die Pflanze. Die Raupe bleibt stehen, und jedes Raupenkind bewegt sich nur ganz klein am Platz. Der Handkontakt wird gelöst, und die Kinder nehmen langsam ihre Arme gerundet zur Seite, um die Dicke und die Verpuppung anzudeuten.

3. Der Kokon
Die zuschauenden Kinder singen die dritte Strophe. Die Raupenkinder machen einen Kreis um die Pflanze. Die vorderen bleiben stehen, die hinteren gehen in die Hocke. (Das führende Kind muß dabei das grüne Tuch festhalten.) In dieser Haltung verharren sie dann, bis der Refrain vorbei ist.

4. Der Schmetterling
Mit dem Singen der letzten Strophe streifen die Raupenkinder das grüne Tuch ab und fliegen mit ihren bunten Flügeln im Kirchenraum umher. Jedes Kind fliegt dabei den eigenen Weg und kehrt mit dem Ende des Liedes in den Altarraum zurück. Dort bleiben sie jedes an einem gewählten Platz stehen und bewegen leicht ihre Flügel weiter.

Die Begleitung bleibt nicht stehen, sie spielt im Puls wie bisher weiter. Darüber wird dann folgender Text gesprochen:

„Der Schmetterling könnte noch immer eine bedeutende Rolle in der Kultur des Menschen spielen, würden wir das beherzigen, was der weise Buddha seinen Anhängern gepredigt hat: *„Esset und trinket und befriedigt Eure Lebensbedürfnisse wie der Schmetterling, der nur von den Blumen nascht, aber weder ihren Duft raubt, noch ihr Gewebe zerstört.*“[13]

Zum Schluß singen alle noch einmal den Refrain. Die Schmetterlingskinder fliegen im vorderen Bereich der Kirche noch einmal umher und sind am Ende der Musik wieder bei ihren Plätzen auf der Kirchenbank.

Zwei Vöglein

Über Vögel gibt es sehr viele Gedichte und Lieder. Meine Wahl ist auf dieses einfache Gedicht gefallen, um bei den Kindern im Partnerspiel das gegenseitige Zuhören, Beobachten, Abwarten und danach das Miteinanderspielen anzuregen.

Einstimmung
Zu Beginn der Stunde habe ich mit den Kindern das Buch „Das Nest“ von Brian Wildsmith[14] betrachtet. Es sind Bilder ohne Text, so daß die Kinder ihre Beobachtungen erzählen können. Im Anschluß daran spielte ich ihnen das Gedicht von den zwei Vögeln.

Zwei Vöglein schlafen im Nest,
ganz fest.

Das erste erwacht,
flattert und lacht,

[13] Gefunden in der Broschüre der „Aktion Schmetterling“, einer gemeinsamen Aktion verschiedener Umweltschutzverbände aus Deutschland, Schweiz, Österreich, Luxemburg, Italien, im Europäischen Umweltjahr 1987.

[14] Brian Wildsmith: Das Nest/Verlag Pro Juventute, Zürich 1984.

fliegt ein Stück,

und fliegt ins Nest zurück.

Das zweite erwacht,
flattert und lacht,

fliegt ein Stück,

und fliegt ins Nest zurück.

Nun fliegen sie beide,
durch Wald und Heide,

sie zwitschern vor Glück
und fliegen zurück.

Zwei Vöglein schlafen im Nest,
ganz fest.

(Ich habe dem Text Abstände eingefügt, die Zeit geben, um die Bewegung auszuführen. Bei Schulkindern spreche ich ohne Verkleinerungsform von „zwei Vögel“. Quelle: Rhythmen u. Reime[15].)

Handgesten zum Kennenlernen des Gedichts
Nachdem die Kinder das Gedicht gesehen und gehört haben, spielen sie es selber. Es setzen sich jeweils zwei Kinder zusammen und bestimmen den Platz für ihr

gemeinsames Nest
Sie sitzen sich z.B. gegenüber mit geöffneten Beinen, in der Mitte ist das Nest (Eine weitere Möglichkeit ist eine Markierung für das Nest: ein gezeichneter Kreis, eine kleine Schnur. Doch haben diese Materialien unter Umständen einen eigenen Aufforderungscharakter zum Spielen!)
Die Kinder verabreden noch, wer von ihnen zuerst aufwacht. Dann spielen sie die Erzählung am Platz mit den Handgesten.

Bewegungsspiel mit dem Nest im Raum
Nach dem kleinmotorischen Erleben wird das Spiel jetzt in die Großmotorik erweitert. Die zwei Kinder suchen sich einen Platz im Raum und bauen sich dort mit einem Seil/einem Reifen ihr Nest. Der Platz soll so gewählt sein, daß sie darum herumfliegen können, ohne andere Vögel da-

[15] Rhythmen und Reime, Arbeitsmaterial aus den Waldorfkindergärten Heft 6, Verlag Freies Geistesleben, Stuttgart 1977.

bei zu stören. (Raumaufteilung: sich Raum nehmen, Freiräume nutzen, Abstand einrichten.) Die Lehrerin spricht das Gedicht und spürt in ihrer Beobachtung ab, wie lange die Ruhe- und Flugzeiten dauern.

Musikalische Gestaltung
Zwei Vögel schlafen im Nest, ganz fest.

Instrumente:
tiefe Klangstäbe, Metallophon, als ruhiger Puls durchgehend/oder als Betonung auf bestimmte Wörter/
Flötenkopf mit der Hand unten ganz abgedeckt, als dunkler, langer Ton.

Der erste erwacht, flattert und lacht,

Instrumente:
Xylophone, Flötenköpfe, Vogelpfeifen, Holzblöcke, Klanghölzer
Sie spielen nach dem Sprechen. Schnelles Spiel (auf zwei beliebigen Tönen), Zwitschern auf dem Flötenkopf

fliegt ein Stück – und fliegt ins Nest zurück.

Instrumente:
schnelle Glissandi auf den Xylophonen

... dann entsprechend die Wiederholung für den anderen Vogel ...

Nun fliegen sie beide – durch Wald und Heide,
Instrumente:
schnelle Glissandi auf den Xylophonen

sie zwitschern vor Glück, und fliegen zurück.

Instrumente:
auf den Flötenköpfen/Vogelpfeifen verschiedene Zwitschergeräusche, dazu dann Glissandi auf den Xylophonen

Zwei Vögel schlafen im Nest, ganz fest.

Instrumente:
tiefe Klangstäbe, Metallophon, evtl. Flötenkopf mit der Hand unten ganz abgedeckt (tiefer Klang)/wie anfangs

Entsprechend dem Spiel wechseln sich die beiden Kinder auch bei dieser Instrumentalgestaltung ab. Sie können sich dabei am Xylophon gegenübersitzen, so daß beide Bewegungsfreiheit haben.

Die Erzieherin spürt die Länge der Klangmalereien ab und gibt evtl. ein kleines Zeichen, damit die Kinder innehalten und wieder auf die Sprache horchen.

Didaktische Erweiterung
Im Zusammenhang mit diesem Gedicht kann man das Nest als Thema behandeln, Bilder oder echte Nester betrachten und ein Nest im Malen oder Basteln (Stroh, Äste, Zweige) nachgestalten.

Die Vögel hören

Je nach Örtlichkeit ist es noch möglich, bei geöffnetem Fenster Vogelgezwitscher zu hören. Wenn man eine kurze Weile lauscht, stellen sich die Hörnerven auf solche feinen Geräusche ein.

Es regnet

Zur Einstimmung ins rhythmische Gestalten beobachten die Kinder den Regen aus dem Fenster. Sie beschreiben, was sie sehen: manchmal gibt es Blasen in den Pfützen, manchmal sieht man nur die kleinen Spritzer (die „Zipfelmützen"), manche sehen, wie die Tropfen die Fenster herunterkullern, auf das Fensterbrett tropfen. Wenn es gießt, sind es sehr viele Tropfen, wenn es nur tröpfelt, kann man die einzelnen Tropfen erkennen ...

Wie fühlt sich Regen an? Die Kinder strecken eine Hand aus dem Fenster und spüren den Regen auf der Handfläche und dem Handrücken.

Wie klingt der Regen? Bei geschlossenem Fenster, wenn alle ganz leise sind .., bei geöffnetem Fenster ... Wenn die Kinder die Augen schließen, lenkt kein Blick vom Hören ab. Wenn die Kinder das Bilderbuch „Florino, der Regentropfenfänger" kennen, haben sie gleich die Möglichkeit zur Identifikation mit ihm.

Ein Regentropfengedicht
Schau nur wie die Regenmännchen
in den Pfützen tanzen –
in den Pfützen in den Pfützen
mit den spitzen Zipfelmützen
Schau nur wie die Regenmännchen
in den Pfützen tanzen –
in den Pfützen in den Pfützen
mit den spitzen Zipfelmützen

Schau nur wie die Regenmännchen
in den Pfützen tanzen –
in den Pfützen in den Pfützen
mit den spitzen Zipfelmützen
Schau nur wie die Regenmännchen
in den Pfützen tanzen …
(Friedl Hofbauer)[16]

Kennenlernen mit Fingerbegleitung
Die Lehrerin spricht den Text und tippt mit ihren Fingern auf dem Boden mit. Die Kinder beobachten oder ahmen nach. Das Sprechtempo sollte zum Kennenlernen ein langsames sein.

Verschiedene Lautstärken
Zur Wiederholung wird der Text (reduziert auf eine Strophe) einmal geflüstert (dabei kommen die pf- und tz-Klänge besonders gut heraus). Danach wird er leise gesprochen. Am Schluß darf es auch einmal die Lautstärke für einen lauten Platzregen sein.

Eine Endfassung hiervon: Die Kinder fangen flüsternd an und steigen mit jeder Strophe die Lautstärke. Man kann es auch umdrehen: Die Kinder rufen es sich zu und werden mit jeder Strophe leiser, bis zum Flüstern.

Verschiedene Tempi
Je nach Regenart tanzen die Tropfen langsam oder schneller. Der Text wird deshalb in verschiedenen Geschwindigkeiten gesprochen. Wenn es ganz schnell geht, kann die Begleitung auch in der halben Geschwindigkeit sein.

Sprechkanon
Für Schulkinder ist es eine reizvolle Aufgabe, Kanons zu singen oder eben auch zu sprechen. Der Einsatz ist bei diesem Gedicht in jeder Zeile möglich.

Vorschlag zum Aufbau:
- Zweistimmiger Kanon mit dem Einsatz in der dritten Zeile
- Vierstimmiger Kanon mit dem Einsatz in jeder Zeile
- Wenn in der Schule aufgrund räumlicher Bedingungen drei Gruppen günstig sind, geht es auch dreistimmig mit dem Einsatz in jeder Zeile.

Zum Kennenlernen eines Kanons ist es gut, wenn die einzelnen Gruppen räumlich zusammen sind. Entweder in den Bankreihen oder in den Ecken oder in den einzelnen Linien einer Hufeisenform.

[16] Gefunden in: Das Jahreszeiten-Reimebuch, Herder & Co., Wien 1992.

Als Erweiterung gibt es wegen des klanglichen Effekts noch Steigerungen:
– Die Kinder zählen der Reihe nach von eins bis vier durch. Die Einser beginnen, die Zweier, Dreier, Vierer setzen an der entsprechenden Stelle ein. Dabei muß sich jedes Kind stärker behaupten, weil neben den eigenen Ohren anderes klingt. Eine Hilfe ist, wenn die Kinder sich vorher ansehen, wer alles zu ihrer Einsatzgruppe gehört. Dann können sie sich im Notfall über die Entfernung wieder die Orientierung holen.
– Es werden zwei verschiedene Tempi übereinander gesprochen. Vorübung: Eine Gruppe spricht es im „Tröpfeltempo" langsam (halbes Tempo), die andere im doppelt so schnellen Kanontempo, jedoch noch alle gleichzeitig (unisono).

Dann sprechen die Kinder einen vierstimmigen Kanon, die Lehrerin spricht im halben Tempo dazu. Das können danach auch einige sichere Kinder übernehmen.

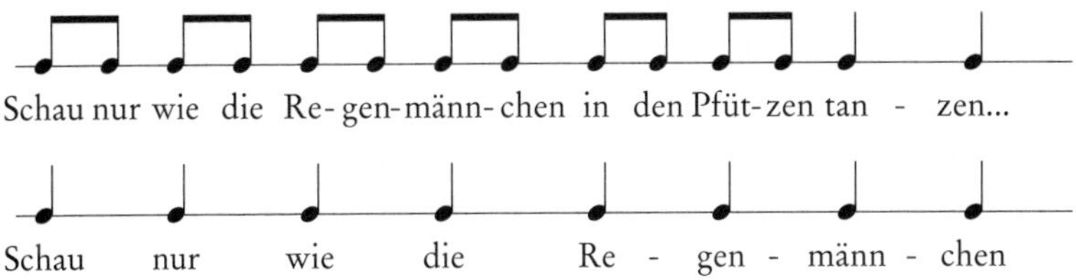

Sprechen und Malen
Die Kinder haben in jeder Hand eine Wachskreide und klopfen wechselweise im Silbentempo aufs Papier. Wenn die Kinder den Text schon auswendig können, kann es jedes Kind im eigenen Tempo und in der selbstgewählten Lautstärke machen.

Partnerspiel
Reizvoll ist es auch, wenn sich zwei oder mehrere Kinder zu einem Blatt zusammensetzen, den Text gemeinsam sprechen und gleichzeitig malen. Dann ist der Eindruck von tanzenden Regentropfen stärker sichtbar und hörbar.

Übertragen aufs Instrument
Die wechselseitige Bewegung wird nun auf Klöppel übertragen. Die Kinder spielen damit auf Xylophonen. Wenn sie die Erfahrung mit dem partnerschaftlichen Malen gemacht haben, ist es auch keine Schwierigkeit, sich mit 3–4 Kindern (je nach Instrumentengröße) an einem Xylophon zu arrangieren. Sie setzen sich dazu gegenüber an das Instrument.

– Die Regentropfenmelodie ist zunächst eine sehr bunte: alle Töne dürfen klingen. Zunächst spielt jedes Kind einmal allein einen Vers, dann

gleich anschließend das nächste Kind (die Reihenfolge legen die Kinder vorher fest). Dabei hat jedes Kind die volle Bewegungsfreiheit am Instrument. Die einzelnen Tropfen sind wie beim Tröpfelregen gut erkennbar.
– Dann spielen alle gemeinsam. Die Kinder an einem Instrument flüstern sich jeweils den Text dazu und lassen ihre Klöppel gleichzeitig tanzen. Die Melodie ist jetzt sehr viel bunter. Das Spielverhalten jedes einzelnen Kindes verlangt Rücksicht auf die anderen, aber fordert auch die Wahrnehmung heraus, die Spielräume auf dem Instrument zu nutzen. (Es stört auch nicht, wenn zwei Kinder gleichzeitig den selben Ton spielen!)

<u>*Das Gedicht wird ein Lied*</u>
Regentropfen kann man nicht nur sehen, man kann sie vor allem auch hören. Sie machen eine bunte Musik, je nachdem, wo man horcht, klingen sie anders. Beim Vorlesen des Buches „Florino, der Regentropfenfänger"[17] verwandelte sich das Gedicht in meinem inneren Ohr zu einem Lied.

Text und Musik: Susanne Peter-Führe

[17] Barbara Haupt/Tomek Bogacki: Florino, der Regentropfenfänger, 1991 Nord-Süd-Verlag/Gossau Zürich und Hamburg.

1. Hör mal wie die Regentropfen in den Pfützen tanzen, in den Pfützen in den Pfützen mit den spitzen Zipfelmützen:	mit den geschlossenen Fingern auf die Beine patschen (leise Begleitung)
pitsche patsche pitsche patsche pitsche patsche pitsche patsche pitsch! pitsche patsche pitsche patsche pitsche patsche pitsche patsche pitsch!	mit gleicher Fingerhaltung auf den Boden/die Schulbank/ den Stuhl patschen (lautere Begleitung)
2. Hör mal wie die Regentropfen auf die Dächer springen, auf die Dächer auf die Dächer springen sie jetzt immer frecher:	mit den Fingern einer Hand auf den anderen Handrücken springen
tonke tanke tonke tanke tonke tanke tonke tanke tonk! tonke tanke tonke tanke tonke tanke tonke tanke tonk!	dasselbe wieder lauter, wie oben
3. Hör mal wie die Regentropfen an die Fenster klopfen, an die Fenster an das Fenster klopfen sie wie die Gespenster:	eine gespannte Hand zeigt das Fenster, die andere klopft daran
tecke ticke tecke ticke tecke ticke tecke ticke teck! tecke ticke tecke ticke tecke ticke tecke ticke teck!	dasselbe wieder lauter, wie oben
4. Hör mal wie die Regentropfen in den Gulli kullern, in den Gulli in den Gulli kullern sie ganz ungeduldig:	mit dem Zeigefinger in der Handfläche kreisen
guggelgoggel guggelgoggel guggelgoggel guggelgoggel gugg! guggelgoggel guggelgoggel guggelgoggel guggelgoggel gugg!	dasselbe wieder hörbarer wie oben. Dabei stellen sich die Kinder vor, der Gulli ist vor ihnen. So können beide Hände außen beginnen, und kreisen nach innen zu diesem Punkt.

Langsame Alternative

Wenn Sie das Tempo der Geräusche für Ihre Kinder zu schnell und zu schwierig einschätzen (z.B. in Sonder- oder Sprachheilschulen), können Sie eine ruhigere Form singen. Entsprechend dem langsameren Tempo empfehle ich dazu die Reduzierung auf ein Klangwort:

Pitsche / tonke / tecke / guggel

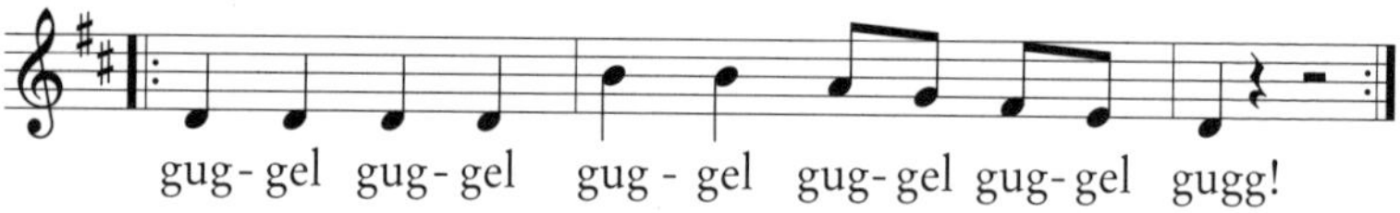

Liedbegleitung mit Xylophon und Saitenspiel

Eine harmonische Begleitung zum Singen ist mit zwei Tönen möglich. Auf dem Xylophon kann das schnelle Tempo gespielt werden, für das Zupfen auf dem Saitenspiel ist das ruhige besser.

Xylophon:

Saitenspiel:

Der Luftballon

Der Luftballon ist ein Material, dem die Kinder viel Sympathie, zuweilen aber auch viel Respekt entgegenbringen: er kann ja platzen! Beim Aufblasen hilft eine Luftballonpumpe – oder die Kinder helfen sich gegenseitig. Die rhythmischen Spiele mit diesem anregenden Material sind so vielfältig, daß es Erfahrungen im Bereich „Ich und das Material" – „Ich und du mit dem Material" und auch „Wir zusammen mit dem Material" ermöglicht. Die beschriebene Reihenfolge kann als methodischer Weg genommen werden. Sie kann aber genauso gut auch der Situation entsprechend umgestellt werden. (Beispielsweise zuerst das Material als solches erfahren, dann erst das Gedicht dazu spielen.)

Einstimmung: Atem – Luft – Spüren
Das Wort „Luft" wird in die Handflächen geflüstert. Wenn man es sehr langsam flüstert, spürt man bei L-u-f-t verschiedene Wärmegrade und Stärkegrade des Atems. Läßt man die Zunge beim Einatmen locker in der L-Stellung hinter den Zähnen, wird dieses oft verstärkt. Das Gehenlassen des Atems auf den Buchstaben f verstärkt den Zwerchfelltonus, und der Explosivlaut T wirkt lockernd für das Zwerchfell. Außerdem bedingt er die reflektorische Atmung, das heißt, er bewirkt nach dem starken Zwerchfellimpuls sofort wieder eine Einatmung.

Sprach-Atemspiel: Ballonaufblasen mit Handgesten

Immer	f ---- f	f
größer	f ---- f	f
wird der	f ---- f	f
Luftballon	f ---- f f	f
schnettereteng	f ---- fff	f
pick:		
peng!	ein lauter Klatsch in die Hände	

a) Die Erzieherin spricht den Text, die Kinder blasen ein langes f---- / bei der Wiederholung kurze, federnde f f.
b) Die Kinder sprechen den Text mit.
c) Der Text wird im Crescendo gesprochen: vom Flüstern bis zum lauten Knall.

Der Gruppen-Luftballon
Die Kinder haben sich an den Händen gefaßt und liegen eng zusammen am Boden. Die Gruppe bläst sich mit hörbarem langen Ausatmen auf und wächst zu einem prallen Luftballon. In diese Spannung hinein wird das Gedicht gesprochen, und das Platzen wird selbstverständlich gespielt.

Die Nadel sagt zum Luftballon:
Du bist rund und ich bin spitz.
Jetzt machen wir beide einen Witz:
ich weiß ein lustig Schnettereteng,
ich mache pick
und du machst
peng! Josef Guggenmos[18]

[18] Josef Guggenmos, gefunden in: Die Stadt der Kinder, dtv-junior, München 1972/Lizenzausgabe des Georg Bitter Verlages, Recklinghausen.

Reaktionsspiel
Der Gruppenluftballon bläst sich auf. Ein Kind steht außerhalb, sagt „pick", der Gruppenluftballon platzt laut mit „peng". Das Kind wechselt jeweils, und die Gruppe spielt, solange sie Freude daran hat.

Die Hände und der Luftballon
Diese Spielvorschläge gehören auch zum Luftballonlied:
- Den Luftballon mit den Händen wechselweise antippen,
- ihn zwischen den Fingern drehen (sie bleiben immer nahe an ihm dran – „wie ein Karussell"),
- mit beiden Händen hochwerfen und fangen,
- auf der Handfläche balancieren und dabei durch den Raum gehen oder rennen,
- um die Hände drehen, das geht dann wie ein „Mühlrad",
- stupsen – nicht nur mit dem Zeigefinger! Jeder Finger der beiden Hände soll es probieren dürfen.

Spielregel: Jedes Kind beginnt mit einem beliebigen Finger. Dann ruft ein Kind einen Finger auf, und alle stupsen mit diesem. Es kann jedes Kind der Gruppe rufen. Ruft ein Kind „aus!", wird der Ballon aufgefangen. Mit dem Nennen eines Fingers beginnt das Stupsen wieder.

Für Schulkinder einen Vers dazu:

Daumen stupsen
Zeigefinger stupsen
Mittelfinger stupsen
Ringfinger stupsen
kleine Finger stupsen
Aus!

die genannten Finger spielen im Wechsel der Hände. Das Stupsen kann bei jedem Wort einmal sein (langsames Tempo, einfacher zum Koordinieren) oder im Silbentempo (schneller).

Ziel ist es, den ganzen Vers zu schaffen, ohne daß der Ballon vorher herunterfällt! Fällt er zwischendurch hinunter, soll das Kind mit dem Finger beginnen, bei dem es geendet hat.

Ein Luftballonlied

Text und Musik: Susanne Peter-Führe

1. Hüpf auf meinen Händen,
   mein kleiner Luftballon,
   hüpf auf meinen Händen,
   doch flieg mir nicht davon!

2. Dreh dich wie ein Karussell,
   mein kleiner Luftballon,
   dreh dich wie ein Karussell,
   doch flieg mir nicht davon!

3. Fliege hoch, ich fange dich,
   mein kleiner Luftballon,
   fliege hoch, ich fange dich,
   doch flieg mir nicht davon!

4. Balancieren kann ich dich,
   mein kleiner Luftballon,
   balancieren kann ich dich,
   doch flieg mir nicht davon!

5. Wie ein Mühlrad dreh ich dich,
   mein kleiner Luftballon,
   wie ein Mühlrad dreh ich dich,
   doch flieg mir nicht davon!

6. Jetzt will ich dich stupsen,
   mein kleiner Luftballon,
   jetzt will ich dich stupsen,
   doch flieg mir nicht davon!

Der Zauberluftballon
„Seht her, ein Zauberluftballon,
denn wenn er fliegt, dann klingt ein Ton!"

Eine Gruppe spielt sich zu, die Erzieherin singt zu jedem Wegtippen einen beliebigen Ton. Dieses Spiel machen dann zwei Gruppen gegenseitig. („Begleite, was du siehst")

bung

bang

bong

bing

Geschicklichkeit mit dem Luftballon
- Fliegenlassen und wieder Auffangen
- wiederholtes Wegtippen

- mit den Händen – Fingern – Handrücken – Ellenbogen – Kopf – Knie – Fuß spielen
- das gleiche auch mit einem Partner

Zeige, was du hörst

Jedes Kind hält seinen Ballon fest und geht auf eine improvisierte Melodie mit ihm durch den Raum.

– Klingt die Musik hoch und hell, soll der Ballon entsprechend getragen werden (z.B. über dem Kopf, auf der Schulter). Erklingen lange, tiefe Klänge, soll er, so tief es geht, gehalten werden. Die Bewegung kann auch am Boden sein, wie Kriechen, Rollen, auf den Knien rutschen ...

– Wenn die Gegensätze hoch und tief erlebt sind, können die Zwischenbereiche mit ausgespielt werden: vom hohen Tragen etwas tiefer (z.B. hinter dem Rücken), vom tiefen etwas höher (z.B. mit den Knien halten und bewegen).

– Nach einigen Wiederholungen legen sich die Kinder ruhig auf den Boden um den Ballon herum, daß sie seine Rundung nachspüren können.

Die Ballone liegen im Raum

– Die Kinder bewegen sich so vorsichtig um sie herum, daß sie sich möglichst nicht bewegen.

– Die Ballone dürfen sich bewegen und die Kinder sausen zwischen ihnen herum und springen auch darüber. Wenn die Erzieherin singt: „Such dir einen Luftballon", setzt sich jedes Kind zu einem auf den Boden. Es hält ihn fest und bläst seinen Atem zwei-, dreimal auf ihn (es kann den Atem dadurch stärker hören). Als ruhigeres Spiel dazwischen „prellen" die Kinder ihren Ballon vor sich.

Geräusche mit dem Luftballon

Die Finger trommeln, reiben, zupfen, wischen ..., das Fangen mit den Händen kann leise und auch sehr laut geschehen.

Partnerspiel mit dem Luftballon

Zwei Kinder nehmen ein Tuch und einen Ballon. Der Ballon soll darauf rollen, von einer Seite zur anderen, von Kind zu Kind. Er kann darauf auch hüpfen wie auf einem Trampolin. Sollte er fortspringen, kann man ihn manchesmal auch mit dem Kopf zurückschubsen!

Das Trampolin der Luftballone

Alle Kinder halten zusammen ein großes Tuch, auf dem sich alle Luftballone bewegen. Dann versuchen die Kinder, durch ihre Bewegung die Ballone in die Luft zu werfen und wieder zu fangen. Das Spiel geht so lange, bis kein Ballon mehr auf dem Tuch liegt.

Kleine Gruppen und ein Ballon
- Sie spielen ihn sich untereinander zu, so, daß der Ballon nicht auf den Boden fällt. Dabei kann mit allen Körperteilen gespielt werden.
- Der Ballon wird mit Klöppeln einander zugespielt.

Führen und Folgen
Die Kinder gehen zu zweien zusammen und halten ihre Ballone zwischen ihren Handflächen. Mit diesem Kontakt bewegen sie sich gemeinsam am Platz/durch den Raum, wobei sie abmachen, wer führt und wer folgt. Eine ruhige Musik hilft den Kindern, zu ruhiger Bewegung zu kommen.

Zwei Kinder nehmen nur einen Ballon zwischen ihre Bäuche/den Rücken/ihre Stirn und bewegen sich damit. Gelingt das, ohne ihn zu verlieren? Wenn die Kinder unruhig werden und ihre Ballone oft verlieren, können sie probieren, ob es besser geht, wenn das folgende Kind die Augen schließt …

Die Idee eines 6jährigen Kindes: die Kinder stehen im Kreis. Sie halten ihre Ballone mit einer Hand am Knoten vor sich. Alle Ballone sollen sich berühren, zu einem Luftballonkreis. Dann wird ein Kind bestimmt, das führt. Bewegungsmöglichkeiten sind in beiden Kreisrichtungen, nach oben und unten. Dazwischen werden auch die Geräuschmöglichkeiten (mit einer Hand) eingebaut.

Tante Trude Trippelstein

Wenn alle Kinder sich freuen, weil die Sonne scheint und sie ins Schwimmbad können, ist eine Frau zutiefst betrübt. Doch das erzählte ich den Kindern am Anfang der Stunde noch nicht. Ich fragte sie, ob sie wissen, was ein Echo ist. Dann begannen wir ein

Echospiel
Ich spiele einen Puls (z.B. mit einer Klatschform). Die Kinder nehmen das auf. Dann rufe ich den Kindern ein Wort aus dem Liedtext zu, und diese wiederholen es. Die Worte können auch wiederholt und in immer neuen Zusammenhängen gerufen werden.

- Die Kinder können dabei sitzen,
- im Pulstempo durch den Raum gehen und dabei leise klatschen.
- Für kleine Kinder und für Kinder mit Sprachschwierigkeiten ist es meist einfacher, keinen Puls zu klatschen, sondern nur den Rhythmus des Wortes zu klatschen. Es ist wichtig, daß man dabei innerlich einen Puls empfindet, damit die Kinder ihren Einsatz abspüren können.

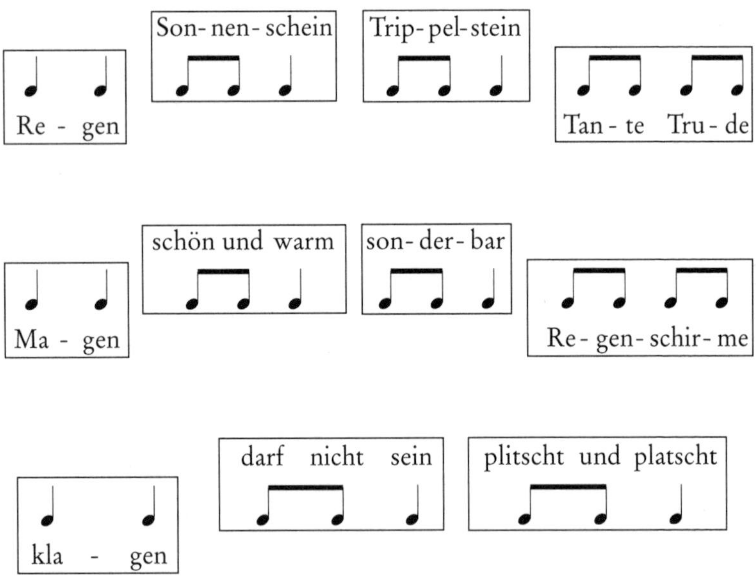

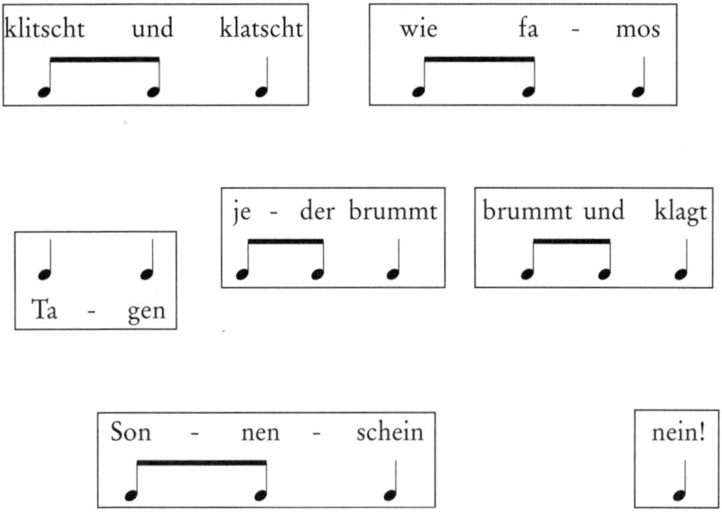

Die Kinder waren meistens etwas irritiert über dieses Ende. Deswegen habe ich ihnen jetzt die erste Strophe von Tante Trude erzählt, mit Klanggesten und auch ein wenig Schauspielerei. Dazu lernten alle durch Nachsingen den Refrain. Danach sprach ich den Kindern die zweite Strophe vor, und alle sangen den Refrain. Im Kindergarten rätselten die Kinder, was es bedeutet, wenn Tante Trude die Schirme „los wird". Nach einem Gespräch darüber wählt sich jedes Kind ein kleines Schlagwerkinstrument (Klanghölzer, Rasseln, Fingerzymbeln, Schellenring) aus. Vorschlag zum Austeilen: das erste Kind wird ausgezählt. Während es wählt, spricht und klatscht die Gruppe: „Vanessa sucht sich etwas, was bringt sie mit nach Haus?" Das Kind nennt sein Instrument und spielt es kurz an. Dann zwinkert es einem anderen Kind zu. Die begleitende Klatschform sollte sich bei größeren Gruppen innerhalb des Spiels ändern, z.B. patschen, snippen, auf den Boden klopfen u.a., damit das Spiel nicht ermüdet.

Zum Begleiten mit verschiedenen Instrumenten
Spielen viele Instrumente zu einem Erzähltext, wird dieser kaum verstanden, und man muß sich stimmlich anstrengen. Damit aber auch dem Wunsch der Kinder nach Instrumentalbegleitung entsprochen werden kann, bietet sich bei diesem Lied ein Arrangement an: die Kinder setzen sich nach Instrumenten zusammen. Bei jeder Phrase werfe ich einer Instrumentengruppe einen Blick zu, und diese Kinder spielen dann mit mir.

Beispiel:
Phrase 1: Klanghölzer
Phrase 2: Trommeln
Phrase 3: Zymbeln, Rasseln
Phrase 4: Singstimmen allein
Refrain: Alle singen und begleiten so, daß die Singstimmen noch gut hörbar sind. Haben wir es wirklich geschafft? Sonst schieben wir eine kurze Musizierrunde ein, wo jedes Kind zeigt, wie leise es auf seinem Instrument spielen kann. Dann probieren wir es noch mal mit dem Singen aus.

Text: Lea Smulders
Melodie: Heinz Lemmermann
aus: Die Sonnenblume/Fidula

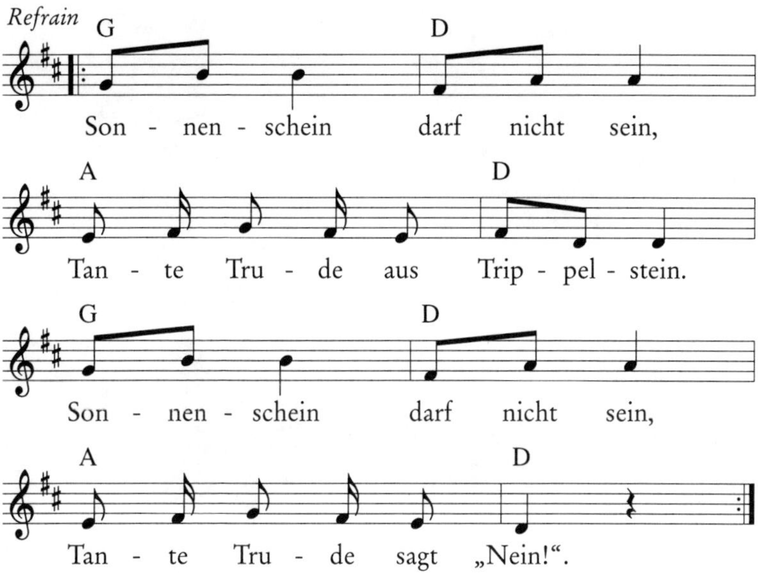

2. Doch ist Regen angesagt,
und ein jeder brummt und klagt,
ruft sie: „Ich verdiene!“ mit zufried’ner Miene
Wenn es draußen plitscht und platscht,
und der Regen klitscht und klatscht,
wird die Tante – wie famos –
Regenschirme, Regenschirme, Regenschirme los.

Darstellen

Ein Kind ist Tante Trude und steht im Kreis. Sie hat einen Korb, in dem die Regenschirme der Kinder sind. Sie spielt, was die anderen Kinder singen: das Magenweh, das Weinen. Und sie allein sagt: „Nein!“ (Das Unterbrechen und pünktliche Einsetzen wird einige Male extra geübt.)

In der zweiten Strophe darf sie ab der „Regenschirme“-Stelle pantomimisch an die Kinder Regenschirme verkaufen. Diese singen den Refrain dabei einfach weiter. Danach spiele/singe ich eine Strophe allein (auf Klangsilben), und die Kinder tanzen alle mit ihren Regenschirmen dazu.

Bewegen mit dem Regenschirm

Der Regenschirm ist ein Material, das feinmotorische Übungsanreize im Drehen bietet und ebenso das Bewegen in der Großmotorik herausfordert. Die Ideen meiner Schulkindergruppen:

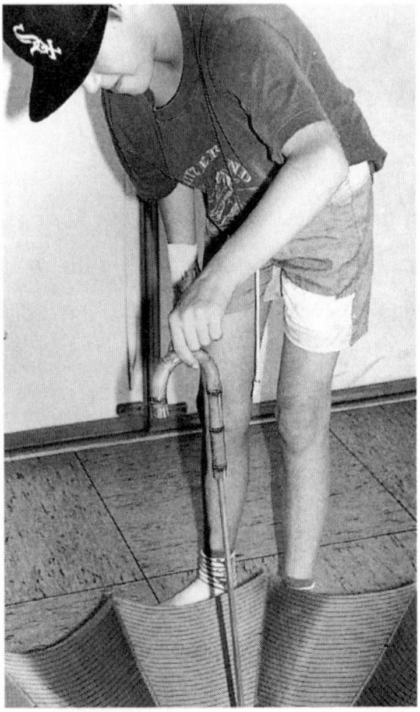

- Welcher Schirm dreht wie ein Karussell? Den Regenschirm (mit der Spitze nach unten) drehen. Gelingt das mit jeder Hand? Können die Hände während des Drehens wechseln?
- Den Schirm, auf der Schulter liegend, drehen,
- gehen mit den offenen Schirmen ohne anzustoßen (schnell, langsam, vorwärts, rückwärts),
- tanzen mit dem offenen/geschlossenen Schirm (auf die Musik von Tante Trude z.B.),
- den Schirm als Geräuschinstrument benutzen: mit den Fingern darauf trommeln – wischen, mit der Spitze klopfen ...,
- sich drehen mit ausgestrecktem Arm. Das braucht viel Platz. Wie können die Kinder den Wechsel organisieren?
- Das Regenschirmhaus – zum Ausruhen; für sich allein, für die ganze Gruppe.

TIP: Damit keine wertvollen Regenschirme kaputtgehen, habe ich einige Male auf dem Sperrmüll nachgesehen und die Kinder bei sich zu Hause. Wir haben genügend alte, aber für uns brauchbare dabei gefunden.

Rhythmik mit Ästen

In Gärten, Wäldern und Stadtparks liegen nach heftigen Winden viele kleine Äste am Boden, ca. 20–50 cm lang. Die Kinder haben sie gesammelt und in den Kindergarten mitgebracht. In Zusammenhang mit dem Eichhörnchenlied ergaben sich reizvolle Spiele – und Übungsmöglichkeiten. Sie können auch mit einem übergeordneten Thema aus dem Rahmenplan, wie z.B. „Tiere in unserer Umgebung" verbunden werden.

Einstimmung
– Im Kreis erzählen die Kinder, wo sie ihre Äste gefunden haben. Sie betrachten sie und beschreiben die Unterschiede.

Bewegungsspiel
– Die Kinder verteilen ihre Äste im Raum auf dem Boden, so daß sie gut verteilt liegen. So geben die Äste dem Raum eine Struktur.
– Jedes Kind bewegt sich im eigenen Tempo **um die Äste herum**. Sie können auch übersprungen werden, doch sollen sie noch nicht berührt werden.
– Nach einem Zeichen (Klanghölzer z.B.) bewegen sich die Kinder **auf den Ästen**, wiederum im eigenen Tempo.

Wer bewegt sich im Wald/im Stadtpark über diese Äste?
Die Kinder bestimmen passende Musikinstrumente zur Bewegungsbegleitung.

Zum Beispiel:
Füchse – schleichen (Handtrommel wischen),
Katzen – schleichen,
Käfer – trippeln schnell und mit sehr kleinen Schritten (Klanghölzer),
Eichhörnchen – rennen und springen leicht von Ast zu Ast (Xylophon/zweistimmig, beliebige Töne),
Vögel – fliegen, landen darauf.

Die Musik erklingt und die Kinder stellen die Tiere in den Bewegungen dar. Wenn die Kinder den Charakter von Musik und Bewegung erlebt haben, kann auch ein Kind die Instrumente spielen. (Die Führung in die Hand eines Kindes legen.)

Das Eichhörnchen – in der Bewegung
Nach der bewegten Phase spricht die Erzieherin mit den Kindern über das Eichhörnchen. Das Charakteristische an diesem Tier ist, daß es seine

Bewegung immer wieder abrupt unterbricht, stehenbleibt, horcht, schaut, weiterspringt. Nachdem die Kinder ihre Beobachtungen erzählt haben, erleben sie den Wechsel von Laufen und Springen in Verbindung mit der Bewegungsunterbrechung.

Zeige, was du hörst:
Bewegungsimpulse durch Sprachsilben und das Xylophon:

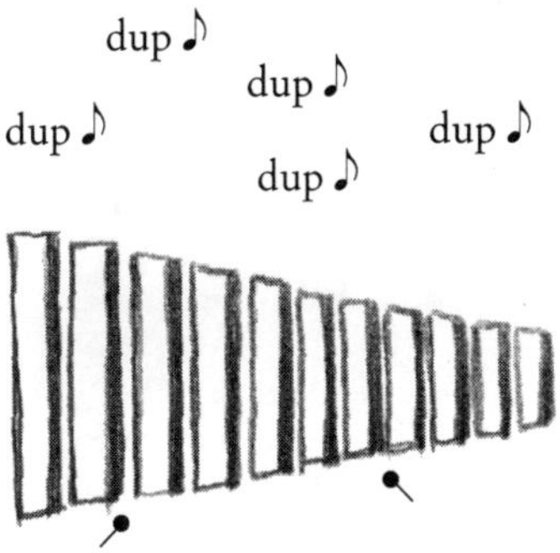

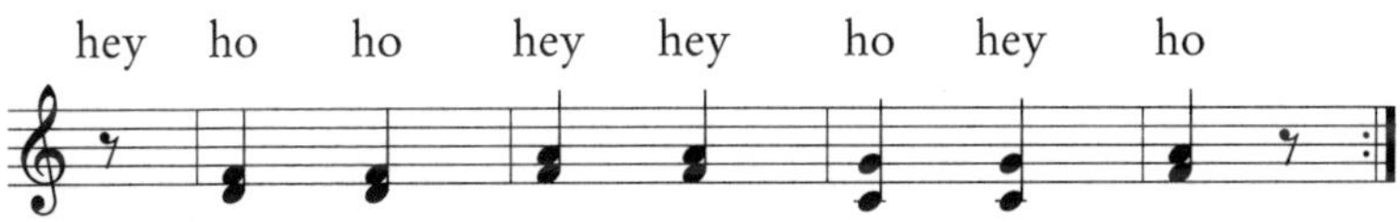

Begleite, was du siehst

– Ein Kind bewegt sich wie ein Eichhörnchen laufend, springend, mit den Unterbrechungen, auf und zwischen den Ästen.

Die anderen Kinder erhalten zum Begleiten seiner Bewegung kleine Percussionsinstrumente wie Bambus-Klanghölzer, Holzblocktrommeln mit Walnüssen gespielt, Kokosnüsse mit Holzstäben und ähnliches. Der Klang soll auch in der Vielzahl der Instrumente im Ohr leicht bleiben.

Das Eichhörnchenkind wählt jeweils ein anderes zum Weitermachen.

Lied: Das Eichhörnchen

Die erste Zeile der Strophe wird mit entsprechenden Gebärden gesungen und gespielt. In der zweiten Zeile klatschen die Hände geschmeidig dazu, bis das Schwänzlein mit dem Singen in die Luft gezeichnet wird.

Im Refrain patschen beide Hände gleichzeitig von einem Bein auf das andere.

Das Eichhörnchen

Text und Musik: S. Peter-Führe/Uli Führe

Xylophon, Glockenspiel

Klangstäbe

Baßklangstäbe

1. Wer sammelt Nüsse Tag für Tag und gräbt sie wieder ein?
   Das kann ja nur das Eichhörnchen mit seinem Schwänzlein sein!

   Refrain: Es springt behend im Baum herum von Ast zu Ast,
   tanzt hoch hinauf und weit hinab und macht nun Rast.

2. Wer wird in kalter Winterszeit an diesen Plätzen sein?
   Das kann ja nur das Eichhörnchen mit seinem Schwänzlein sein!

   Refrain: Es springt behend im Baum herum von Ast zu Ast,
   tanzt hoch hinauf und weit hinab und macht nun Rast.

3. Wer nagt mit seinen Zähnen und beißt in die Nüsse rein?
   Das kann ja nur das Eichhörnchen mit seinem Schwänzlein sein!

   Refrain: Es springt behend im Baum herum von Ast zu Ast,
   tanzt hoch hinauf und weit hinab und macht nun Rast.

4. Wer spitzt die Ohren und horcht wachsam in den Wald hinein?
   Das kann ja nur das Eichhörnchen mit seinem Schwänzlein sein!

   Refrain: Es springt behend im Baum herum von Ast zu Ast,
   tanzt hoch hinauf und weit hinab und macht nun Rast.

5. Wer baut sich in die Tannenwipfel Nester rund und klein?
   Das kann ja nur das Eichhörnchen mit seinem Schwänzlein sein!

   Refrain: Es springt behend im Baum herum von Ast zu Ast,
   tanzt hoch hinauf und weit hinab und macht nun Rast.

Bewegungsgestaltung mit der Melodie

Strophe:
Die Erzieherin spielt die Melodie auf der Flöte. Die Kinder laufen im Singrhythmus zwischen den Ästen herum, ohne sie zu berühren. (Sie haben eine kleine Unterbrechung in der Bewegung bei der Achtelpause!)

Refrain:
Jedes Kind wählt sich schnell zwei (oder vier) Äste an seinem Ankunftsort aus und springt von einem zum anderen. Hier gibt es verschiedene Möglichkeiten: auf einem Bein, auf dem anderen Bein, auf beiden Beinen, abwechselnd von einem auf beide; eins-eins, beide-beide etc. Diese Springmöglichkeiten kann man je nach Alter und Fähigkeiten der Kinder auch anregen.

Solange das Lied noch neu ist, kann man anfangs die Pausen etwas länger gestalten, damit die Kinder mehr Zeit zur Orientierung haben.

Hinweis zu leisen Klanghölzern
Klanghölzer haben einen durchdringend hellen Klang, der manchmal unerträglich wird, wenn viele Kinder gleichzeitig spielen und kein anderer dunkler Klang mittönt, der im Ohr die Balance dazu bilden kann.

Ich habe für meine Arbeit dünne Bambusstäbe im Bastel- oder Baustoffhandel besorgt und sie in ca. 20 cm lange Hölzer kleingesägt. Die Kinder haben die Ränder etwas abgeschmirgelt, damit die Kanten nicht so scharf sind. Diese Hölzer klingen sehr viel leiser.

Rhythmik mit Steinen

Einstimmung: Hören
Die Kinder sitzen im Kreis, schließen die Augen und bekommen ein Hörrätsel: Die Erzieherin läßt einen Stein zu Boden fallen, und die Kinder hören, wo das ist. (Nach jedem Mal dürfen sie die Augen öffnen und prüfen, ob sie richtig gehört haben.) Reizvoll ist es auch, unterschiedliche Steine zu verwenden.

Variation:

Hörspiel in der Bewegung
– Die Kinder stehen gut verteilt im Raum. Sie haben die Augen geschlossen. Ein Kind geht mit den Steinen klickend umher und bleibt stehen. Die anderen zeigen, wo es steht. Ein anderes Kind übernimmt die Steine und spielt weiter.

– Ein Kind klickt mit den Steinen, ein anderes folgt dem Geräusch, indem es hinterher geht. Die anderen Kinder schauen von ihrem Platz aus zu (Ausweichen, wenn nötig!).

– Die Kinder klatschen am Platz das Tempo der klickenden Steine mit, so laut oder leise, daß sie das Klicken noch hören.

Bewegungsspiel: Reagieren
Die Kinder bewegen sich im Raum so leise sie können:
- nach freier Wahl, Lust und Laune
- jeweils ein Kind sagt an, wie sich alle bewegen sollen:
  rennend, hüpfend, gehend, schleichend, rückwärts, vorwärts …

Wenn sie den Stein fallen hören, bleiben sie „wie versteinert“ stehen. Ein gesungenes „bong“ löst die Versteinerung wieder auf, und die Kinder bewegen sich weiter.

Austeilen der Steine

– Mit zwei Steinen spielt die Erzieherin für die Kinder ein Gehtempo. Diese gehen im Raum umher, klatschen dazu (so daß sie die Steine aber noch hören können) und sollen das Tempo beibehalten, wenn die Steine aufhören.

– Während des Gehens erhalten sie von der Erzieherin einen Stein auf eine Hand. Das Klatschen hört dadurch auf. Wer auch in der zweiten Hand einen Stein hat, bleibt stehen.

Betrachten

– Die Kinder betrachten ihre Steine. Zur Anregung der Wahrnehmung können Fragen gestellt werden, die im Moment jedoch nicht laut beantwortet werden sollen:

Sind die Steine gleich groß?
Welche Formen haben sie?
Sind sie glatt, rauh, kantig, spitz, rund ...?
Welche Farben haben sie?
Erinnert dich die Maserung an etwas?
Ist einer schwerer als der andere?

Die Steine im Raum

– Die Kinder suchen für ihre Steine einen Platz im Raum. Die Erzieherin spielt mit der Flöte (oder singt mit Klangsilben und Gitarrenbegleitung) den ersten Teil des Steinliedes. Die Kinder bewegen sich dazu (gehend oder laufend) im Raum. Mit dem Ende der Musik sollen sie bei einem anderen Steinpaar stehen. Mit den oben aufgeführten Fragen werden nun diese betrachtet. Dieses Spiel wird einige Male wiederholt. Beim letzten Mal sollen die Kinder die eigenen Steine wiederfinden.

Beobachten – Hören

Wie bewegen sich deine Steine:

– Wenn sie fallen (erst der eine, warten, bis er ruhig liegt, dann der andere),
– wenn du sie aus der Hand rollen läßt,
– wenn du sie drehst?

Wenn die Gruppe klein ist, spielt jeweils ein Kind, und alle beobachten mit. Größere Gruppen kann man in Kleingruppen formieren, bzw. es auch als Partnerspiel gestalten.

Wie klingen deine Steine? Spiel sie nah an deinen Ohren!
Klopfen, reiben, rollen, fallenlassen ...

Steinmusik im Musizierkreis

– Ein Kind spielt mit seinen Steinen, blinzelt einem anderen Kind zu. Dieses spielt weiter.
– Ein Kind beginnt, immer ein weiteres kommt dazu, wenn alle spielen, hört es in gleicher Reihenfolge wieder auf (der Klang wächst, der Klang wird kleiner = crescendo – decrescendo).
– Die Steinmusik klingt langsam und schnell im Wechsel. Z.B. spielt ein Kind allein schnell, wenn es aufhört, spielen alle als Gegenteil langsam.
– Die Erzieherin spielt einen Rhythmus, die Kinder spielen ihn nach.
– Die Erzieherin/ein Kind dirigiert die Musik: mit Solo (eines allein), Tutti (alle zusammen), mehrere Kinder zusammen.
– Eine Rondoform:

Gesprochener Refrain:
pica pica klingen Steine
pica pica immerzu
pica pica immer weiter
pica pica jetzt spielst du!

Die Strophen dazwischen spielt jeweils ein Kind allein. Es kann sich auch bewegen und sich dabei selbst begleiten.

Füße und Steine

Jedes Kind steht an einem Platz im Raum. Es sucht sich mit den Augen einen neuen Platz aus und bewegt seine Steine mit den Füßen dorthin. Es achtet darauf,
– daß seine Steine mit keinem anderen zusammenstoßen,
– daß es (im Gegensatz) immer wieder einen Stein aus der Nähe mit seinem trifft.

Jedes Kind stellt sich mit einem Fuß auf einen/beide Steine. Kann es die Balance halten? Wo drückt der Stein am Fuß? Wie fühlt es sich an, wenn man danach wieder mit den Füßen auf dem Boden steht?

Führen und Folgen

Zwei Kinder gehen zusammen und legen ihre Steine aneinander. Ein Kind führt, das andere läßt sich führen, hat evtl. die Augen geschlossen. Die Bewegung kann am Platz erfolgen oder in der Fortbewegung.

(Wenn die Kinder unruhig sind, hilft eine leise gesummte Melodie oder ruhiges Gitarrenspiel.)

Lied: Habe Steine in der Hand

aus Spanien[19]

---

[19] Aus dem Liederbuch von Dieter Zimmerschied: „Kinder singen überall", Klett Verlag, Stuttgart 1992.

2. Habe Steine in der Hand,
hab' sie alle in der linken.
Habe Steine in der Hand,
in der linken seht nur an!
Pica, pica schlägt die Linke,
pica, pica, was sie kann,
pica, pica immer weiter,
und jetzt kommen beide dran.
Eins und zwei sind drei,
wer nichts schafft und wer zu faul ist,
eins und zwei sind drei,
kriegt kein' Zucker in den Brei.

3. Je ein Stein in beiden Händen,
einen Stein in jeder Hand!
Je ein Stein in beiden Händen,
einen Stein in jeder Hand!
Pica, pica aneinander,
pica, pica ohne Ruh',
pica, pica immer weiter,
laßt uns tanzen nun dazu!
Eins und drei sind vier,
geh'n die Bauern auf die Felder,
eins und drei sind vier,
sind sie nicht so faul wie wir.

4. Beide Hände gehen hoch
mit den Steinen, wenn wir tanzen,
beide Hände gehen hoch,
schlagen uns den Takt dazu.
Pica, pica, macht ein Ende,
pica, pica, das war schön,
pica, pica, und nun ist es
wirklich Zeit zum Schlafengeh'n.
Eins und vier sind fünf,
was mach ich nun mit den Steinen.
Eins und vier sind fünf,
steck' sie in die alten Strümpf'.

Die Erzieherin legt den Kindern ihre Steine in die rechte Hand. Dann singt sie das Lied und spielt dabei mit den Steinen. Die Kinder beobachten und ahmen sie nach. Hier ein Beispiel für die erste Strophe:

Teil 1) Die Hand mit den Steinen bewegt sich im Puls hin und her.

Teil 2) Ein Stein wird in die linke Hand gelegt, die rechte Hand klopft mit ihrem Stein darauf.

Teil 3) Die Hände öffnen und schließen sich um die Steine im Puls der Musik.

Die Gesten für die folgenden Strophen sind entsprechend aus dem Textinhalt zu wählen.

Musik und Bewegung mit dem Lied
Teil A) Die Kinder gehen im Tempo der Musik im Raum umher, wobei sie die entsprechende Hand mit dem Stein zeigen. Am Ende der Musik stehen sie mit einem Partner zusammen.

Teil B) Gegenseitiges Klicken mit den Steinen in der entsprechenden Hand.

Teil C) Die Kinder legen diese Steine aneinander und drehen sich auf die Musik. In der vierten Strophe klicken sie die Steine allein über ihren Köpfen und drehen sich um sich selbst.

Wenn die Kinder schon eine Fülle von Spielmöglichkeiten mit den Steinen erlebt haben und durch die Rhythmik gewohnt sind, daß ihre Gestaltungsideen eine Bedeutung haben, wird es ihnen nicht schwerfallen, eine eigene Form musikalischer Art und bewegungsmäßiger Art zu finden.

Rhythmik mit Walnüssen

Akustische Einstimmung
In einem Stoffsack sind halbe Walnußschalen. Man kann sie nicht sehen, aber hören. Die Lehrerin geht durch den Raum/um den Stuhlkreis herum und rollt den Sack in den Händen.

a) Die Kinder hören mit geschlossenen Augen auf das Geräusch und zeigen den Weg mit den Fingern mit.
b) Die Kinder beschreiben mit geschlossenen Augen, wo die Lehrerin steht.
c) Ein Kind geht den gehörten Weg nach.

Fühlen und Begreifen
Die Kinder legen die Hände auf den Rücken. Die Lehrerin legt ihnen eine Walnußschale in die Hände und versucht dabei durch ruhiges Fragen die Konzentration auf das Wahrnehmen mit den Händen zu lenken:

„Ist es:
groß oder klein
rund oder eckig
dick oder dünn
glatt oder rauh
spitz oder rund
warm oder kalt?“

(Die Fragen sollen von den Kindern noch nicht beantwortet werden. Wir wollen noch nicht wissen was es ist, sondern **wie** es ist.)

Tasten und Beschreiben

Wenn alle Kinder eine Nuß haben, werden die Fragen zum Beantworten gestellt. Um vom relativen zum genaueren Beschreiben zu kommen, werden nach der ersten Antwort Vergleichswerte gegeben: Ist es so klein wie ein Kieselstein? So rund wie ein Ball? So spitz wie eine Nadel? usw.

Betrachten und Prüfen

Die Kinder betrachten nun ihre Nußschalen mit den beschriebenen Merkmalen. Sie vergleichen ihre Nußschale mit der des Nachbarkindes. Dann spüren sie den verschiedenen Eigenschaften mit den Händen nach:

- Sie schließen die Hand um die Nuß und spüren, wie es warm wird.
- Sie rollen die Nußschale auf der Handfläche hin und her (rund).
- Sie stupsen ganz vorsichtig mit der Nußspitze auf der Handfläche und den Fingern entlang (spitz).
- Sie kreisen mit der Nußschale in der Handfläche und streifen sie dann jeweils in einem anderen Finger bis in die Fingerspitze aus.

Dann vergleichen sie die beiden Hände miteinander. In der Regel wird die bespielte Hand wärmer und stärker empfunden. Um eine Einseitigkeit zu vermeiden, werden die Spiele anschließend mit der anderen Hand ausgeführt.

TIP: Man kann diese Übungen auch als Partnerspiele machen.

Ein Sprechvers um die Nuß

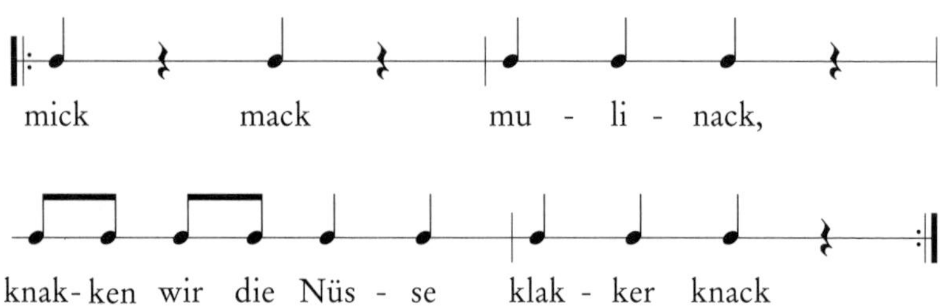

a) Die Kinder trommeln den Vers mit der Nuß auf den Tisch/den Stuhl/den Boden. (Bei der Wiederholung mit der anderen Hand)
b) Zwei Kinder trommeln sich den Vers gegenseitig auf ihre Nußschalen. Wie geht das am besten? (Auf die Lösung des Abwechselns kommen die Kinder meistens selbst.)

Bewegungsspiel im Raum

Die Lehrerin spielt die Anfangsmelodie des „Nußtanzes“ auf der Flöte/Geige/Akkordeon:

Die Kinder bewegen sich auf diese Musik frei im Raum (Tempo aufnehmen, Bewegungsmöglichkeiten finden wie gehen, laufen, hüpfen). Mit dem Ende der Musik bleiben sie stehen und musizieren mit ihrer Nuß den Sprechvers:

a) an die Heizung/die Wand/die Fensterbank/den Boden/die Tür,
b) sie treffen sich am Ende der Musik mit der Freundin/dem Banknachbarn/einem Partnerkind und spielen sich die Musik gegenseitig auf ihre Nußschalen,
c) sie spielen mit dem Kind, das gerade in ihrer Nähe ist (dadurch ergibt sich ein ständiger Partnerwechsel).

Dieses Spiel wird einige Male wiederholt, damit die Kinder auch Gelegenheit haben, sich im Umschalten zum richtigen Zeitpunkt zu üben.

Tip: Dieses Spiel kann auch im Verlauf des Unterrichts im Klassenzimmer eingebaut werden. Es schafft eine Bewegungsmöglichkeit, bewirkt Entspannung ohne Zerstreuung, die Kinder kommen miteinander ins Spiel. Dadurch wird die Aufnahmebereitschaft wieder geweckt, Aufmerksamkeit, Reaktionsfähigkeit und Konzentration können sich im Spiel wieder aufbauen (s. dazu das Kapitel „Rhythmik im Grundschulunterricht“).

Ein Nußkreis als Tanzmittelpunkt

Die Lehrerin spielt die Melodie des zweiten Titels

Die Kinder legen in dieser Zeit in der Raummitte einen Kreis mit ihren Nüssen. Nach der Melodie betrachten ihn alle und besprechen, ob sie alle mit ihm einverstanden sind. Wenn einzelne Kinder etwas ändern wollen, dürfen sie ihre eigene Nuß im Kreis korrigieren. Wenn es alle noch mal versuchen wollen, gibt es noch einmal die Musik dazu. (Die Größe des Nußkreises entwickeln die Kinder selbst. Das geht ohne Vorabsprachen, aus dem spontanen Handeln). Wenn alle mit dem Nußkreis zufrieden sind, wird er das Zentrum des Tanzkreises.

Der Nußtanz

Begleitung: Xylophon, Saitenspiel

Die Kinder und die Lehrerin fassen zum Kreis durch. Da der Text und die Melodie bereits im Ohr sind, kann der Tanz ohne Erklärungen durch Nachahmung gleich getanzt werden.

„Hier hab ich eine Nuß gesehn, kommt laßt uns alle	mit federnden Laufschritten der rechten Hand nach (= in Tanzrichtung)
… hierher gehn!	stampfen am Platz (Blick zur Mitte)
Dort hab ich eine Nuß gesehn, kommt laßt uns alle	mit federnden Laufschritten der linken Hand nach (= Gegentanzrichtung)
… dorthin gehn!	stampfen am Platz (Blick zur Mitte)
Mick mack mulinack	klatschen
knacken wir die Nüsse	eine (Rechts-)drehung
klacker knack	mit den Füßen stampfen
Mick mack mulinack	klatschen
knacken wir die Nüsse	eine (Links-)drehung
klacker knack	mit den Füßen stampfen

Da für diesen Tanz keine Medien gebraucht werden, kann er auch im Garten, auf dem Schulhof oder bei einem Spaziergang zu einem Nußbaum getanzt werden. Wenn er bei einem Sommer- oder Erntedankfest getanzt werden soll, kann man nach einer Gesangstrophe noch zwei bis drei Instrumentalstrophen spielen und tanzen.

Schrittvariation für ältere Kinder:
- mick: Sprung am Platz, dabei linke Ferse schräg vorne aufsetzen
  mack: Sprung am Platz, dabei rechte Ferse schräg vorne aufsetzen
  mulinak: linke – rechte – linke Ferse
  knacken wir die Nüsse: drehen
  klackerknack: drei Schlußsprünge (auf beide Füße), mit Hüftdrehen

Ein Nußlied — Text und Musik: Susanne Peter-Führe

2. Eine kleine, graue Maus
   rollt sie mit zu sich nach Haus …

   Refrain: Wird es hier zu Ende sein?
   Aber nein, aber nein!

3. Tom der Kater schleicht ums Eck,
   und die Maus rennt weg vor Schreck …

   Refrain: Wird es hier zu Ende sein?
   Aber nein, aber nein!

4. Dicht mit buntem Laub bedeckt,
   liegt die Nuß ganz lang versteckt …

   Refrain: Wird es hier zu Ende sein?
   Aber nein, aber nein!

5. Kleine Wurzeln schlagen aus,
   und ein grüner Keim treibt aus …

   Refrain: Wird es hier zu Ende sein?
   Aber nein, aber nein!

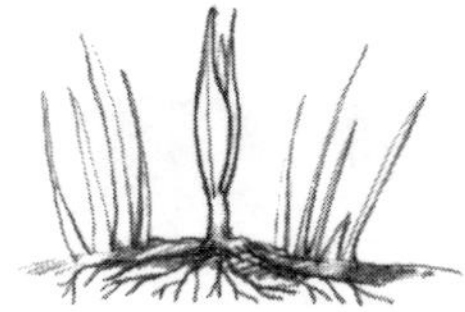

6. Alle Wurzeln werden lang
   und der Keim ein dicker Stamm …

   Refrain: Wird es hier zu Ende sein?
   Aber nein, aber nein!

7. Und zur bunten Herbsteszeit
   ist es wieder mal so weit:
   an den Ästen hängen schwer
   hundert Nüsse und noch mehr!

   Refrain: Wird es hier zu Ende sein?
   Aber nein, aber nein!

Musikalische Gestaltung
Die Kinder werden in zwei Gruppen aufgeteilt.
Eine Gruppe begleitet die Strophen mit der Nuß auf Holzblocktrommeln oder mit selbstgebastelten „Nußinstrumenten". Die zweite Gruppe begleitet den Refrain mit Fingerzymbeln und mit Stabspielen.

Refrain: Xylophon

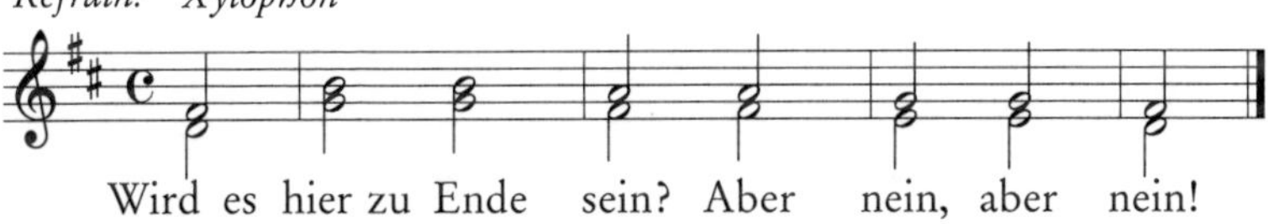

Anregungen zum Basteln und Malen
a) Bei Liedern mit vielen Strophen ist es hilfreich, wenn die Kinder zu jeder Strophe ein Bild malen. Das hilft der Erinnerung an den Text.
b) Mit Blättern, Wurzeln, Rinden, Nußschalen, Tonpapier u.a. wird dieser Kreislauf eines Nußlebens zu einem größeren Bild (Collage) gestaltet, das über längere Zeit den Raum schmücken kann.
c) Nußtrommeln und Nußkastagnetten zum Begleiten.

Bastelanleitung für die Nußkastagnette
Sie nehmen
- ca. 20 cm langes, reißfestes Nähgarn (ich messe den Kindern immer eine Elle lang ab)
- eine Walnußhälfte, in die zwei kleine Kerben eingesägt sind (das ist nicht notwendig, aber dadurch hält die Wicklung besser)
- einen Zahnstocher

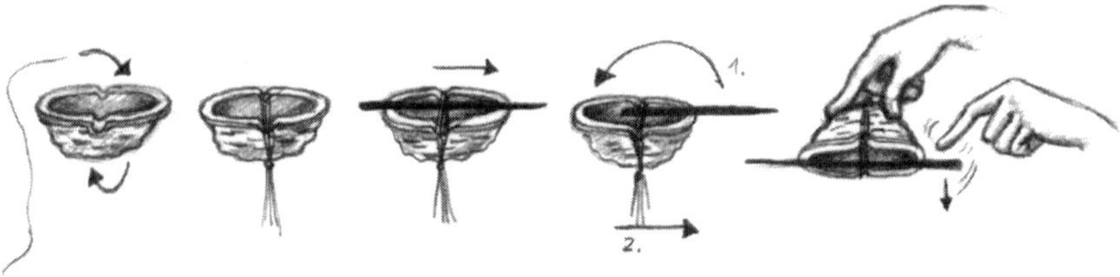

Der Faden wird einigemale um die Kerben und die Nuß gewickelt und danach verknotet. Wenn er nicht ganz straff sitzt, ist das kein Problem, denn Sie schieben jetzt den Zahnstocher zwischen die Fäden. Durch das wiederholte Zurückdrehen und Vorschieben verzwirbelt sich der Faden und wird fest. Probieren Sie zwischendurch immer wieder, die Nuß in einer Hand zu halten und mit den Fingern der anderen Hand über den Zahnstocher zu streifen. Die Spielart wie das entstehende leise Klickgeräusch erinnert – ebenso leise – an das Kastagnettenspiel.

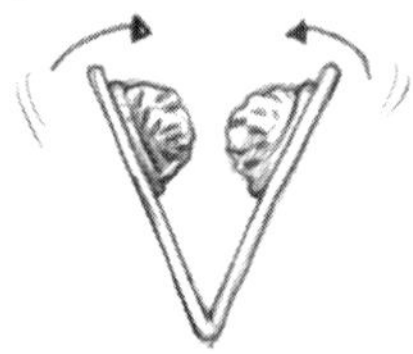

Bauvariante für eine größere Handbewegung:
Sie nehmen einen starken Karton, falten ihn und kleben an die Innenseiten zwei Nußhälften.

Ein einfaches Nußinstrument:
Sie kleben eine Nußhälfte
auf eine Streichholzschachtel,
und spielen mit einem
kleinen Holzschlegel,
einem Buntstift
einem Hölzchen...

Rhythmik mit Kokosnüssen

Der Welthandel ermöglicht es, daß es die Früchte der Kokospalmen auch bei uns zu kaufen gibt. Beliebt sind die Kokosnüsse nicht nur wegen ihres Fleisches und der Milch, sondern vor allem auch in ihrer Verwendung als Musikinstrumente. Für die rhythmische Arbeit bieten sie Wahrnehmungsanregungen zum Schmecken, Riechen, Sehen, Hören, Fühlen und regen an zum Spielen.

Zur Einstimmung: die Kokosnuß sehen
Die Kinder beobachten, wie die Erzieherin eine Kokosnuß anbohrt und danach die Milch auffängt. Dann wird die Nuß aufgesägt und angeschaut. Jedes Kind bekommt ein Stück Kokosfleisch zum Riechen und Probieren.

Im Kindergarten und in der Schule kann diese „Sachkunde" ein eigener Themenbereich sein, der nicht unbedingt mit einer Rhythmikstunde zeitlich zusammenhängen muß. Es ist jedoch sinnvoll, den Kindern das Thema Kokosnuß vor den musikalischen Gestaltungen nahezubringen.

Sprechvers **(aus mündlicher Überlieferung)**

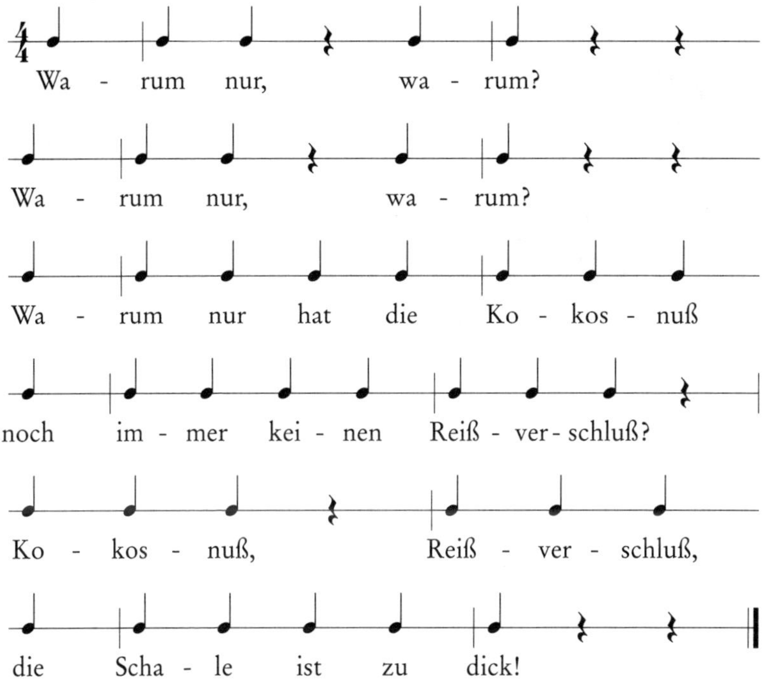

Körperklanggesten zum Begleiten
Zum Kennenlernen begleiten die Kinder den Sprechvers mit körpereigenen Klanggesten, z.B.: die Hände hohl formen und klatschen. Dabei werden die Hände nach viermal klatschen gedreht, so daß die andere Hand oben ist. Auf diese Weise empfinden die Kinder einen Viertakt, und die wichtigen Worte erfahren eine Betonung.

Die Kokosnuß hören, mit ihr Begleitrhythmus spielen
Jedes Kind sollte eine, wenn möglich zwei eigene Kokosnußschalen haben. Wie klingt die Kokosnuß? Die Kinder finden mit den Schalen verschiedene Spielarten heraus. Dabei können sie auch die unterschiedlichen Lautstärken der Geräusche feststellen, wie z.B.:

- Ränder klopfen an Ränder, wenn sie ganz abschließen, wird der Klang dunkel. Wenn die Nüsse offen bleiben, wird er hell;
- ein Rand klopft an den runden Rücken;
- die Ränder reiben aneinander;
- die untersten Punkte (Pole) klopfen aneinander;
- die Schalen reiben ineinander.

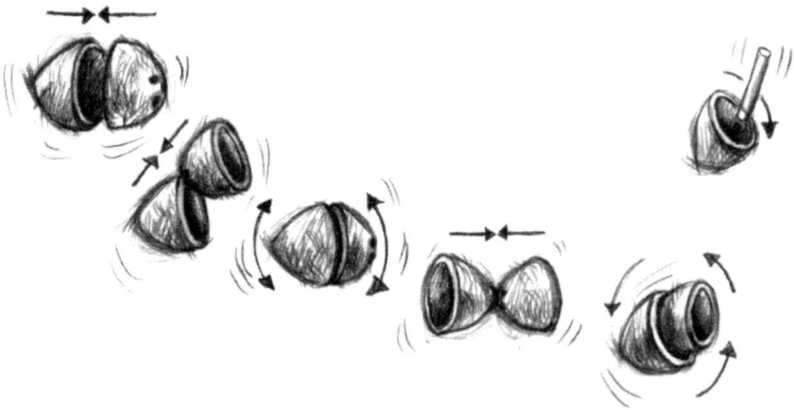

Steht für jedes Kind nur eine Schale zur Verfügung, kann man noch dazu eine Walnußschale oder ein Klanghölzchen nehmen. In der Schule können die Kinder auch mit der Schale und einem Bleistift musizieren.

Aus den gefundenen Lösungen gestalten die Kinder eine Begleitfassung zum Vers. Da es ermüdend ist, wenn nur ein Klang mit einer Spielmöglichkeit im Ohr und in den Händen ist, empfehle ich, drei bis vier Unterteilungen mit jeweils einer anderen Spielart. Z.B.:

Teil 1:	Warum nur, warum? Warum nur, warum?	reiben an den Rändern
Teil 2:	Warum nur hat ... Reißverschluß?	klopfen an den Rändern (hell)
Teil 3:	Kokosnuß, Reißverschluß	geschlossenes klopfen (dunkel)
(Teil 4)	die Schale ist zu dick!	kein Klang, bei „dick“ die Pole aneinander als Akzent

Sprechspielerei
Für zwei Gruppen oder die Gruppe und die Lehrerin, im Wechsel zweier Tempi:

Ein Ostinato (das ist ein immer gleichbleibendes, sich wiederholendes Motiv):

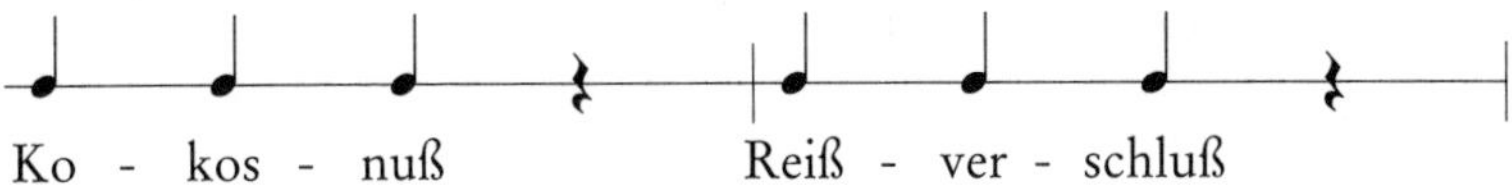

Darüber doppelt so schnell den Vers sprechen:

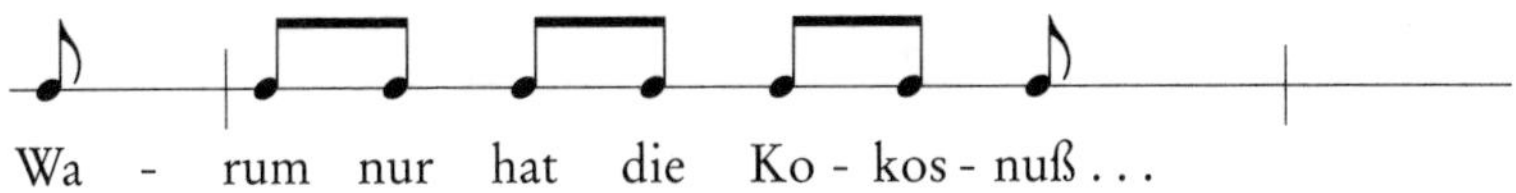

Sprechkanon
Spricht die erste Gruppe die dritte Zeile, setzt die zweite Gruppe mit der ersten Zeile ein.

Gestaltungsmöglichkeiten:
- in verschiedenen Lautstärken, von Flüstern bis Rufen durch das Zimmer,
- zusammen mit dem Ostinatio,
- mit Begleitung der Nußschalen,
- in zwei/drei/vier Gruppen räumlich getrennt,
- im Kreis mit dem Nachbarn/mit dem Banknachbarn im Kanon.

Die Kokosnuß fühlen
Die Kinder kreisen mit einem Finger an der Schnittkante entlang, einmal mit offenen, dann mit geschlossenen Augen. Wie bleibt der Kontakt besser erhalten? Mit welchem Finger geht es am einfachsten und schnellsten, mit welchem geht es am schwierigsten? Wie geht es mit den Fingern der anderen Hand? In welche Richtung ging das Kreisen? Geht es auch wechselweise in beide Richtungen?
Wie fühlt sich die Innenwand der Kokosnuß an, wie die Außenwand?
Wie klingen die Handbewegungen an der Schale?

Liedgestaltung
Mit all den bisher gefundenen Geräuschmöglichkeiten und Spielmöglichkeiten können die Kinder eine spontane Begleitfassung für das berühmtberüchtigte Lied mit den „Affen und der Kokosnuß“ finden.

Die Affen rasen durch den Wald

trad.

2. Die Affenmama sitzt am Fluß und angelt nach der Kokosnuß.
   Die ganze Affenbande …
3. Der Affenonkel, welch ein Graus, reißt ganze Urwaldbäume aus.
   Die ganze Affenbande …
4. Die Affentante kommt von fern, sie ißt die Kokosnuß so gern.
   Die ganze Affenbande …
5. Der Affenmilchmann, dieser Knilch, der wartet auf die Kokosmilch.
   Die ganze Affenbande …
6. Das Affenbaby voll Genuß hält in der Hand die Kokosnuß.
   Die ganze Affenbande brüllt: „Da ist die Kokosnuß,
   da ist die Kokosnuß, es hat die Kokosnuß geklaut!“

7. Die Affenoma schreit: „Hurra! Die Kokosnuß ist wieder da!"
   Die ganze Affenbande brüllt: „Da ist die Kokosnuß,
   da ist die Kokosnuß, es hat die Kokosnuß geklaut!"

8. Und die Moral von der Geschicht: Klaut keine Kokosnüsse nicht,
   weil sonst die ganze Bande brüllt: „Wo ist die Kokosnuß, ..."

Kokosnuß-Kreisel
Drehtechnik: Um als Kreisel zu tanzen, kann die Nuß mit beiden Händen, aber auch mit einer Hand allein angedreht werden. Die Kinder finden heraus, wie sie von außen und von innen in Bewegung versetzt werden kann. Sie versuchen mit jeder Drehtechnik auch in beide Richtungen zu spielen.

Sie begleiten das Drehen mit Geräuschen z.B.:
schschschschsch
ssssssssssssss
fffffffffffff
(den Teppichböden abgelauscht)

tocketocketocketocke tee
rugedige rugedige rugedige daa
rundherumundrundherumundrundherumund stehn
(So klingt Nuß auf Holz)

Die Kokosnuß mit Kerze zur Weihnachtszeit

In meinen Kindergruppen hat sich die Kokosnuß mit Teelicht als schöne Möglichkeit erwiesen, mit Kerzenlicht zu tanzen. Die Nußschalen liegen den Kindern sicher in der Hand, schützen die Flamme vor dem Bewegungswind und fangen das Wachs auf.

Als Vorbereitung für einen Kerzentanz werden die Spiele bereits mit Kerzen, jedoch noch ohne Flamme gemacht.

Sensibilisierung, Expressivität, Interaktion
– Die Kinder gehen durch den Raum und tragen die Schale in einer Hand. Als Begleitung hören sie die Melodie des Liedes „Trag ein Licht ...".
– Die Kinder bleiben stehen und bewegen sich mit ihren Nußschalen am Platz. Die Augen begleiten dabei die Hände und achten darauf, daß die Kerze nicht verrutscht.

Als Begleitung können Beckenklänge erklingen; z.B: bewege dich, solange du den Klang hörst. Schön sind auch gesungene Variationen der Melodie auf Klangsilben (nono, don ...). Dadurch wird eine fließende Bewegung erreicht.
– Zu zweien: Führen und folgen am Platz (Spiegelbild) oder in der Fortbewegung (hintereinander, nebeneinander).

<u>*Orientierung, Flexibilität*</u>
Die Kokosnüsse liegen im Raum gut verteilt. Jedes Kind merkt sich seinen Platz. Dann bewegen sich die Kinder um sie herum:
– zuerst in freiem Tempo, dann in einem ganz anderen Tempo. Wer vorher sauste, schleicht jetzt. Wer ging, der hüpft jetzt, ... jeweils ohne anzustoßen und jeweils im selbstgewählten Tempo;
– in runden oder geraden Wegen/dabei Wechsel auf Zuruf oder durch zwei verschiedene Klänge (Holzblocktrommel und Zymbel);
– musikalisch geführte Tempi: gehen, laufen, hüpfen.

<u>*Eine kleine musikalische Form:*</u>

– Die Kinder gehen auf diese Musik im Vierteltempo und springen in der Pause über eine Nuß. Wie kann man heraushören, wann das Hüpfen kommt? (Nach der langsameren Tonwiederholung)
– Sie gehen/laufen zwischen den Nüssen umher und klopfen in der Pause mit der Nuß zweimal auf den Boden.
– Sie beginnen bei ihrer eigenen Nußschale und sind mit dem Ende der Musik wieder dort.

– Sie nehmen ihre Nußschale, hüpfen auf die entsprechend gespielte Melodie durch den Raum.

Nun bilden sie mit den anderen Kindern einen Kreis und setzen sich. Nach dieser bewegten Phase kommt jetzt eine ruhige Zeit zum Liedeinführen und ruhigen Tanzen.

Lied: Trag ein Licht in unsre Welt
Wenn es möglich ist, wird der Raum verdunkelt. Die Erzieherin und die Kinder erzählen sich, wie sie diese Dunkelheit erleben. Dann wird in einer Nußschale ein Teelicht angezündet, und ein Kind nach dem anderen zündet sich seine Kerze an. Nun gehen die Kinder mit ihren Lichtern durch den verdunkelten Raum. Die Erzieherin singt ihnen dazu das Lied und begleitet sich mit Fingerzymbeln/Saitenspiel/Gitarre.

Ostinato 4 x (Takt 1-8)

(Takt 9-12)

Fingerzymbel 

Zur Wiederholung tragen die Kinder ihr Licht in der anderen Hand. Danach setzen sich alle wieder in den Kreis, und die Erzieherin spricht mit den Kindern darüber, was es bedeutet, für jemand ein Lichtlein herzutragen, jemandem eine Freude zu machen, ihm in Nöten zu helfen.

Gemeinsam mit den Lichtern tanzen
Die Kinder gehen durch den dunklen Raum, mit ihrem Licht in der Hand. Wenn sie die Zymbel hören, gehen sie zu zweien zusammen weiter. Beim nächsten Zymbelklang wieder allein, dann wieder zu zweien mit einem anderen Kind ... Nach einer kleinen Spielweile bleiben sie mit dem nächsten Zymbelklang zu zweien stehen.

Die Erzieherin spielt auf der (Choroi-)Flöte/summt leise die Liedmelodie. Die Kinder bewegen ihre Lichter am Platze, gleichzeitig mit dem Partner:
- jedes Kind nach eigenem Ausdruck, im gemeinsamen Spiel;
- wenn gewünscht, mit gegenseitigem Führen und Folgen.

Kerze ausblasen
Wenn die Rhythmikeinheit hier enden soll, treffen sich die Kinder noch mal im Kreis. Sie blasen dann nacheinander ihre Kerze aus. (Probieren Sie mit den Kindern einmal, es nicht der Reihe nach zu machen, sondern es der Wahrnehmung der Kinder zu überlassen, daß immer ein Kind blasen soll, die Reihenfolge aber durcheinander ist.)

In einer folgenden Stunde kann der Weg noch mal über die bewegten Spiele zur Tanzgestaltung führen.

Wann auch immer es weitergeht, nach dieser Vorbereitung sind alle Elemente zu einer Gestaltung des Liedes als Tanz von den Kindern erfahren. Wenn die Kinder selbst Vorschläge zur Tanzform bringen, werden diese aufgenommen. Hier ist eine Form, bei der der Inhalt des Textes angedeutet in der Bewegung erscheint. Dieser Ablauf kann auch bei einer Weihnachtsfeier vorgeführt werden.

Kerzentanz

1. Strophe: Die Kinder stehen im Kreis hintereinander. Sie tragen die Kerze außen in der rechten Hand und legen die linke Hand dem vorderen Kind auf die linke Schulter. (Wird der Tanz nicht vorgeführt, sondern von der Gruppe für sich getanzt, ist es schöner, wenn die Kerzen innen im Kreis getragen werden und die Außenhände auf den Schultern liegen.).

Die Kinder singen das Lied und gehen mit ruhigen Schritten im Kreis.

2. Strophe: Die Erzieherin spielt die Strophe instrumental/summt die Melodie und begleitet sich dazu. Die Kinder lösen den Kreis auf und tanzen alleine durch den Raum. Am Ende der Strophe finden sie sich zu zweien zusammen.

3. Strophe: Sie tanzen zu zweien im Spiegelbild.

Zum Auszug bei einer Vorführung singen die Kinder noch einmal das Lied und gehen mit dem Partnerkind an den Rand.

Methodisch-didaktischer Hinweis:

Die Musik soll hier sehr fein sein, da bei Dunkelheit die Augen und Ohren noch viel sensibler eingestellt sind. Eine Flöte mit sehr feinem, leisem Klang ist die Choroi-Flöte. Sie drängt sich mit der Musik nicht auf und schafft eine warme, beruhigende Atmosphäre. Sie ist überall dort einsetzbar, wo Hören zum Horchen werden soll. Ich verwende sie auch gern bei kleinen Kindern für Bewegungsmusiken.[20]

---

[20] Choroi-Instrumente werden primär in der Waldorfpädagogik eingesetzt. Es gibt sie in verschiedenen Ausführungen, als Intervallflöten, als pentatonische und diatonische Flöten. Mittlerweile sind diese Instrumente auch im Musikalienfachhandel erhältlich.

Folkloretänze

Folkloretanz ist ein Ausdruck von kultureller Gestaltungskraft, ein Ausdruck von Gemeinsamkeit, von sozialer Kommunikation, von Begegnung im gemeinsamen Erleben der Tanzformen und ihrer Musik. Der Ursprung von Tänzen kommt unmittelbar aus der Ganzheit des Lebensgefühls eines Volkes, aus seiner kulturellen Eigenart, und wurde von den Menschen getanzt, die mit ihrem Sein darin leben konnten. Ein Blick auf die Menschheitsgeschichte und ein Blick in die Audrucksformen aller Kulturen rund um den Globus zeigen, daß das Tanzen immer zu den elementaren Lebensäußerungen gehörte.

Leider ist diese Bedeutung in unserer Zeit aufgrund der gesellschaftlichen Entwicklung nicht mehr spürbar. Der Tanz ist kulturell nicht mehr unmittelbar dazugehörig, sondern ist ein „Schmuckwert" im Leben oder wird als Brauchtum gepflegt.

Aber es steigt die Zahl derer, die im Tanzen eine große Lebensbereicherung erfahren und viele der überlieferten Tänze aus verschiedenen Kulturkreisen in Tanzkreisen weitergeben. Es wächst auch in pädagogischen Kreisen das Verständnis dafür, daß Tänze nicht nur zum Ausgestalten von Festen in Kindergarten und Schule wertvoll sind, sondern einen erzieherischen Wert in sich tragen, der sich im Tanzen selbst äußert.

Nüchtern betrachtet ist Tanz neben der ästhetischen und sozialen Komponente immer auch körperliche Geschicklichkeit, Orientierung im Raum und der musikalischen Zeit, er fordert und fördert die Koordination, das rhythmische Gefühl, und auch die Konzentration im Erinnern, Vorausdenken und Mitvollziehen der Tanzformen. „Man ist vollwach mit Lebensgefühl und Bewußtsein."[21]

Und doch ist Tanzen mehr als die Summe dieser beschreibenden Faktoren.

„Tanzen können, das heißt, frei und ungehemmt, wenn auch in den einfachsten und vielleicht überlieferten Formen das innere Leben nach außen schwingen lassen, die seelische Bewegtheit in äußerer Bewegung zum Klingen bringen, das, was an Spannung, Unruhe, Empfindung, Leidenschaften, Wünschen in einem ist, in die Bewegung hineinströmen, durch sie ordnen und wieder in das allgemeine Lebensgefühl zurückströmen lassen ... Nicht Tänze lernen, sondern tanzen lernen, darauf kommt es an."[22]

Ein Heilpädagoge erzählte mir, daß er im Kinderheim mit den verhaltensauffälligen Kindern Folkloretänze als eine Form der „Therapie" an-

[21] Dore Jacobs: Bewegungsbildung/Menschenbildung 2. Auflage Kallmeyer 1985 S. 188.
[22] Ebenda, S. 185.

bietet, weil die Kinder und Jugendlichen beiderlei Geschlechts darin einen geformten, ungezwungenen Umgang miteinander erleben können.

> „Über den Tanz sollte man eigentlich nicht sprechen, sondern ihn für sich selbst sprechen lassen.“[23] W. F. Otto

Tänze ertanzen
Bei der Übermittlung von Tanzformen bedarf es im besten Fall keiner großen Erklärung, sondern eines guten Vorbildes, das die Mittanzenden gleich nachahmen können. Um von der Vielfalt der Schrittformen in manchen Tänzen nicht irritiert zu werden, hilft es auch, ein oder zwei Elemente auf die ganze Musik durchzutanzen. Wenn diese Bewegungsabläufe im Körper sind, kann bei Wiederholungen ein neues Element dazukommen. (Wie z.B. bei der Troika)

Für andere Tänze bietet sich auch die rhythmische Arbeitsweise zum Ertanzen an:

- das freie Bewegen zur Musik, um ihren Charakter, ihr Tempo, ihren Puls, die Rhythmen, die musikalischen Teile aufzunehmen,
- Aufgaben zur Orientierung im Raum und in der musikalischen Zeit,
- Ertanzen eigener Schritte und Raumformen,
- Gestalten mit einem Partner, das aus dem gemeinsamen Improvisieren zu Bewegungsformen führt.

Bei diesem Weg entwickelt sich die Endform des Tanzes aus den Vorspielen. Wenn eine Musik besonders reizvoll ist, doch die überlieferten Tanzschritte für die Kinder zu schwer sind, können Sie aus diesen Improvisationen der Kinder eigene Tanzformen festlegen (wie z.B. bei der Estampie im Märchen vom Fröhlichen König).

Methodischer Tip
Wenn Sie die Musik dazu selbst spielen, können Sie an entscheidenden Stellen wie Richtungswechsel oder Bewegungswechsel das Tempo verlangsamen, um das Umschalten zu erleichtern. Wenn die Kinder mit den Tanzformen vertraut sind, behält man ein Tanztempo bei.

Hruske, Jabuke, Slive

Die Übersetzung der Worte heißt: „Birnen, Äpfel, Pflaumen“, und es ist ein slowenischer Frühlingstanz. Er hat eine einfache, aber außergewöhnliche Tanzform und bietet sich für Schulkinder, Elternabende und offenes Tanzen an.

[23] Zit. in: Tanzchuchi, Tanzen in Schule und Freizeit, zytglogge Verlag, Bern 1981.

a) Die Tanzform:
Die Gruppe steht im Kreis gefaßt. Die Schritte sind leichte Laufschritte, sehr klein und erdbezogen. Zwei Tanzende nehmen die gefaßten Arme nach vorn und steuern auf die Mitte des sich bewegenden Kreises. Dort wird ihnen ein Tor gebildet, durch das sie tanzen. Sie nehmen ihre gefaßten Arme nach oben und drehen beide gleichzeitig über den Rücken ab. Nach der Drehung blicken sie sich wieder ins Gesicht und haben auf diese Weise ein eigenes Tor gebildet, durch das nun alle im Kreis tanzen.
Hat sich der Kreis wieder eingetanzt, nimmt ein anderes Paar seine gestreckten Arme nach vorne ...

Vereinfachte Formen:
b) Die Kinder tanzen zu zweien im Raum und bilden sich gegenseitig Tore.
c) Es werden mehrere kleine Schlangen gebildet, die sich gegenseitig Tore bilden und hindurchtanzen.

Kleine Vorübungen zum Tanz:
Das Abrollen über den Rücken wird zu zweit vorgeübt.

Damit es keine Rock'n Roll-Drehung wird, müssen beide Partner darauf achten, daß sie wirklich gleichzeitig drehen und die vorgestreckten Arme während des Drehens über beide Köpfe führen. Nach dem Drehen stehen sie sich wieder mit Blickkontakt gegenüber.

Wichtig: Alle bleiben immer gefaßt. Wenn der Kontakt über die Hände locker und flexibel bleibt, können alle abspüren, wann die Bewegung in den Füßen ruhiger und weiträumiger werden muß. Besonders in kleinen Räumen ist dieser Tanz besonders spannend für die Gruppe, wenn alle im Tanzen mit darauf reagieren, daß die Bewegung nicht vor einer Wand stehenbleibt, sondern weitergehen kann. (Spielräume nutzen, sich zu Freiräumen tanzen ...)

Hruske, Jabuke, Slive

Slowenien

Carnevalito

Eine einfache, zweiteilige Tanzform aus Bolivien. (Die Musik dazu ist selbst komponiert, weil das Tempo meiner Platte für Kindergartenkinder zu langsam ist.) Außerdem können Sie diese selbst spielen und mit Kindern begleiten!

<u>*Carnevalito*</u> Musik: S. Peter-Führe

Xylophon:

Weitere Begleitinstrumente:
Teil A: Handtrommeln, Klanghölzer (dunkler Klang)
Teil B: Schellenring, Tambourin (heller Klang)

Einführung
Zum Kennenlernen der Musik spielt die Erzieherin die Melodie auf der Flöte. Die Kinder bekommen eine Höraufgabe: sie klatschen dazu, doch wenn die Musik nach Hüpfen klingt, dann bewegen sie sich entsprechend im Raum. Spielt die Musik wieder „klatschen“, bleiben sie stehen … Das wird einige Male wiederholt.

Rhythmikerfahrene Kinder können sich auch erst einmal ganz frei auf die Musik bewegen, nach dem Motto: „Bewege, was du hörst.“ Die Erzieherin beobachtet, ob sie in der Bewegung der beiden Teile einen Unterschied machen. Wenn die Kinder nach mehrmaliger Wiederholung die zwei verschiedenen Charaktere der Musik noch nicht erhört haben, kann man das erste Spiel mit klatschen und hüpfen einführen.

Der Rhythmus
Der Tanzrhythmus für die Füße ist ♫ ♩ | ♫ ♩. Er bringt im Tanzen ein leichtes Ungleichgewicht mit sich, weil das Gewicht einmal auf dem rechten, das andere mal auf dem linken Fuß bleibt. Zum Üben von Rhythmen kann auch ein Sprachrhythmus helfen.

Zum Beispiel:

Wichtelfrau
geht im Wald,
tipp tapp tipp,
ihr ist kalt.

Jetzt kommt ihr
die Idee:
tanzengehn
um den See!

Die Erzieherin spielt dann die Musik Teil B), die Kinder hüpfen allein durch den Raum. Beim nächsten Mal soll sich jedes Kind zum Ende des Verses einen Partner an die Hand nehmen. (Wenn es nicht aufgeht, können es auch drei Kinder sein.)

Beim nächsten Durchgang bleiben diese Kinder zusammen. Der Vers wird im Plural gesprochen: Wichtelfrauen gehn im Wald … Am Ende gehen sie mit einem oder zwei anderen Paaren zusammen und haben so kleine Reihen gebildet. Als letzte Steigerung: Geht das Tanzen auch in einer ganz langen Reihe?

Sind die Kinder mit dem Rhythmus vertraut, kann bei weiteren Wiederholungen der Text wegfallen, und die Musik allein begleitet die Bewegung.

Die Tanzform:
Die Musik: 2/4 Takt
2 Takte Vorspiel mit dem Trommelrhythmus

Teil A) 8 Takte im Rhythmus
Teil B) 8 Takte gehüpft

Aufstellung: in Reihen, die Hände locker gefaßt, die Arme hängen (V-Position)

Teil A:
Takt 1:
3 kleine Schritte vorwärts, rechts, links, rechts
(auf den vierten Schlag kann auch ein kleiner Hüpfer rechts getanzt werden). Der Oberkörper ist geneigt, der Blick geht zum Boden.

Takt 2:
3 kleine Schritte vorwärts, links, rechts, links.
Der Oberkörper ist jetzt aufrecht, der Blick geradeaus.

Takt 3–8:
wie Takt 1–2, insgesamt 4mal

Teil B:
Schritt-Hüpfer rechts, links, ... in Schlangenlinien durch den Raum

Variationen: Schulkinder können bei der Wiederholung in die andere Richtung tanzen. Der Anführer wird dann Schlußtänzer.

Ein anderes Beispiel für die Einschulung:
Alle hier
freun sich sehr,
mit euch sind's
noch viel mehr!
Tüte groß, Tüte klein
ihr sollt hier will-
kommen sein!

Eine Klasse spricht den Text und klatscht dazu. Dann probieren die neuen Erstklässler und die Eltern diesen Rhythmus auch. Es ist motivierend, wenn ein Schulkind auf der Trommel diesen Rhythmus mitspielt. Nun beginnen die Schulkinder zu tanzen, die anderen begleiten klatschend. Im schnellen Teil klingt keine Trommel und damit auch kein Klatschen. Beginnt das Kind mit der Trommel wieder, klatschen die Erstkläßler und die Eltern wieder mit. Wenn der Raum es zuläßt, ist es schön, wenn die tanzenden Kinder um die neuen herumtanzen. (Da die Reihenform offen ist, braucht man dazu keine große Tanzfläche, sondern nur Abstand zwischen den Stühlen/Bänken und Wänden.) Wenn die Kinder den Tanz auf diese Weise kennengelernt haben, könnte er als Begrüßungstanz in den nächsten Tagen auch mit ihnen selbst ertanzt werden.

Weitere Einsatzmöglichkeit:
Der Carnevalito ist in seiner klaren und leichten Tanzform auch gut für Elternabende, Kindergarten- oder Schulfeste geeignet. Er kann zu diesen Gelegenheiten über Nachahmung leicht mitgetanzt werden. Die Geste der Verbeugung läßt auch einen Begrüßungs- oder Verabschiedungstanz assoziieren.

El Arria

Die Musik kommt aus Argentinien und ist auf einer Platte „Instrumente der Welt“ – „Indianische Flöten“ zu hören. Sie hat eine sehr klare zweiteilige Musikform, die auch Kinder gut erfassen. Ich habe auf die Musik drei Tanzformen gestaltet: eine in der Schlange, eine im Kreis, einen als Indianertanz mit der Möglichkeit zum Improvisieren.

Die Schlangenform braucht ein anführendes Kind, das den Weg selbständig wählen kann. Es können auch mehrere kürzere Schlangen gleichzeitig tanzen. Das sollte in Vorspielen ausprobiert werden: Das anführende Kind entscheidet sich für den Wechsel von zwei Bewegungsarten. Es verrät sie den anderen nicht, sondern führt die Schlange an und wechselt die Bewegungsarten selbständig. Danach geht es an das Ende der Schlange, so daß das nächste Kind anführt.

Bei mehreren kürzeren Schlangen ist der Wechsel schneller, und die Geduld der Kinder wird nicht so lange strapaziert. Beim Tanzen ist das Folgen leichter.

Mit der langen Schlange allerdings ergeben sich reizvolle Formen im Raum, die tanzenden Kinder begegnen sich von verschiedenen Seiten. Am besten einmal ausprobieren mit der Erzieherin als Kopf!

Tanz in der Schlange
Taktart: 4/4 Takt
Vorspiel: 3 Takte

Vorspiel abwarten

Teil A: Gehschritte, dabei können die Arme in Schulterhöhe (W-Form) oder hängend (V-Form) gefaßt sein.
Teil B: hüpfen, die Arme hängen dabei locker.

Tanz im Kreis
Aufstellung im Kreis, Vorspiel abwarten

Teil A: 4 Schritte zur Kreismitte, voreinander verbeugen.
4 Schritte zurück, voreinander verbeugen.
Diese Form wiederholen. Die Arme sind in Schulterhöhe gefaßt und gehen beim Verbeugen nach unten.

Teil B: Hüpfen, rechtsherum im Kreis. Bei der Überleitung langsam auslaufen lassen, ins Gehen, dann zum Stehen kommen. Die Stehzeit kann mit Klatschen gefüllt werden.
(Bei der nächsten Runde geht das Hüpfen linksherum.)

Als Indianertanz
Aufstellung im Kreis. Vorspiel abwarten.

Teil A: Die Kinder haben Klöppel und spielen über ihren Köpfen. Dazu bewegen sie sich mit Anstellschritt 4 Takte lang nach rechts, dann 4 Takte lang nach links.

Teil B: Jedes Kind tanzt alleine nach Lust und Indianerlaune durch den Raum und kommt mit der Überleitung wieder zurück zum Kreis.

Der Ablauf wird 4mal wiederholt.
Diese Form können auch kleine Kindergartenkinder gleich tanzen. Statt Anstellschritten machen sie einfache Gehschritte.

Quelle: Indianische Flöten: Alfredo de Robertis, PLÄNE-Verlag, G-1-0018

Troika (Dreigespann)

Die Troika ist in der überlieferten Tanzform für Schulkinder geeignet. Sie braucht einen großen Raum. Doch auch jüngere Kinder mögen die mitreißende Musik sehr, und so tanze ich eine vereinfachte Form mit ihnen, die auch in kleineren Räumen möglich ist.

Musik: Verlag Walter Kögler Stuttgart SP 23 019a

A

B

Einstimmung
Ich tanze sie oft zur Winterszeit, wenn die Kinder nicht hinauskönnen und Bewegung brauchen. Dazu mache ich begleitend rhythmische Spiele:
– „Bewege, was du hörst" mit traben, galoppieren, unterbrechen, stehen und schnauben, am Boden wälzen, ruhen ...
– als Kontrast auch die Spielform: „Begleite, was du siehst." Die Kinder wählen sich dazu kleine Schlagwerk-Instrumente und begleiten meine Bewegung. Ich ändere dabei auch die Bewegungsarten, wenn ich höre, daß sie eine erfaßt haben. (Zu schnelle Wechsel bringen nur Geräuschchaos, weil die Kinder dann keine Zeit haben, ihre Wahrnehmung ins Tun zu übertragen. Führende Bewegung muß im Bewußtsein haben, daß die Begleitung ihr folgen kann.) Reizvoll ist für die Kinder auch das Unterbrechen bei einer Bewegungsart. Es erfordert ihre Reaktionsfähigkeit beim Begleiten und bewirkt wieder Konzentration.

Mit dieser Einstimmung kann die Einführung des Tanzes beginnen:

Musikalische Vorbereitung
Die Kinder haben verschiedene Instrumente, die sie in zwei konträre Klangfarben hell und dunkel einteilen:
dunkel: Trommeln, Holzblöcke, Schlaghölzer
hell: Rasseln, Schellentrommeln, Schellenbänder
Sie bilden einen Kreis mit Öffnung, so daß die Lehrerin um sie herumtanzen kann. Dann hören sie die Musik von der Kassette. Die Lehrerin tanzt, und sie begleiten mit ihren Instrumenten:

Teil A) Laufen um den Kreis herum	Begleitung: dunkel
Teil B) Drehen im Kreismittelpunkt	Begleitung: hell

Tanz und Begleitung
– Die Kinder tanzen mit ihren Instrumenten allein.
– Die Hälfte der Kinder begleitet mit den Instrumenten in der Mitte des Raumes (Tanzzentrum), die anderen tanzen um sie herum. Die Kinder tanzen dabei alleine. Sie laufen im Raum durcheinander und drehen sich am Platz.
– Da die Musik der Platte sehr lang ist, können Sie nach dem 3. Mal drehen ein Zeichen zum Wechseln geben. Die Tanzenden beginnen dann zu musizieren, die anderen beginnen zu tanzen.

Einfache Tanzform
Wenn die Kinder die Grundelemente traben und drehen kennen, gehen sie zu dritt zusammen und tanzen gemeinsam. Das Durcheinanderlaufen kann nun auch geformt werden als Laufen auf der Kreisbahn (wie in der Arena im Zirkus!). Die Lehrerin kann mit Schellen die Zeit des Drehens verdeutlichen.

<u>*Tanzform mit den Toren*</u>
Aufstellung: Zu dritt auf der Kreisbahn. Die Hände sind gefaßt. Als letzte, reizvollste Anforderung (für Schulkinder) tanzen die Kinder im Teil A) die Tore mit. Sie werden zuerst ohne Musik im langsamen Tempo ausprobiert. Wenn die Bewegungsabläufe von den Kindern erfaßt sind, geht es ins Tanztempo.

4 Takte traben
2 Takte Der Äußere tanzt durch das Tor, das die beiden anderen bilden.
2 Takte Der Innere tanzt durch das Tor der beiden anderen. Die Kinder halten ihre Hände dabei locker gefaßt, das mittlere Kind dreht sich organisch mit.

Ein Text als Hilfe zum Formerfassen:

Heißa, wie die Pferde traben
durch die Steppe schnell und weit.
Hussa, ein Tor, da geht es drunter,
hussa, ein zweites, hoch und breit.

Drehen, drehen, drehen, drehen,
alle drehen sich und stampfen auf
andersrum drehen sie, andersrum drehen sie,
drehen sich herum und stampfen auf! (S. Peter-Führe)

Alternative Tanzeinführung mit Klanggesten und Gebärden
Eine ruhigere Form des Kennenlernens von Tanzmusik und ihrer Form ist, wenn die Hände tanzen. Die Kinder sitzen dazu im Kreis.

Teil A) 4 Takte patschen, „die Pferde traben"
2 Takte zeichnet der rechte Arm ein großes Tor
2 Takte zeichnet der linke Arm ein großes Tor

Teil B) 3 Takte die Arme umeinander drehen, im 4. Takt 3mal klatschen, Richtungswechsel, 3 Takte drehen, im 4. Takt wieder 3mal klatschen, „Die Pferde drehen sich" und „stampfen auf"

Die Tanzform:
Musik: 2 Takte Vorspiel, 2/4 Takt

4 Takte (16) Laufschritte im schnellen Achteltempo

2 Takte der Äußere tanzt durch das Tor, das die beiden anderen bilden
2 Takte der Innere tanzt durch das Tor der beiden anderen

3 Takte die drei schließen zum Kreis und drehen links herum
1 Takt 3 Stampfer oder gedrehte Sprünge am Platz

3 Takte drehen in Gegenrichtung, Ende wieder mit
1 Takt 3 Stampfer oder gedrehten Sprüngen am Platz

Hören und Malen
Eine Kindergartengruppe malte sich zu diesem Tanz mit der Musik im Ohr ein Bewegungsbild.

Black Nag

Ein Kontratanz, übersetzt heißt der Titel „schwarzer Klepper", was früher auch im Sinne von schwarzer Magie verstanden wurde. Die musikalische Form hat zwei klar erkennbare Teile. Zum Kennenlernen hören den ersten Teil die Füße, den zweiten Teil mit der Dreiklangsmelodik die Hände. Die Kinder machen dazu Bewegungen am Platz.

Musik: Alte Kontratänze aus England
SCHOTT Wergo 3006

Als Anregung für einfache Tanzformen sind hier einige Varianten aufgezeigt. Kinder mit etwas Tanzerfahrung können spontan tanzend verschiedene Möglichkeiten finden. Die Erzieherin sammelt die Ideen und die Kinder verabreden bei jedem neuen Tanzen, welche Formen getanzt werden sollen.

A – alleine durch den Raum tanzen
B – tanzen mit dem Kind, das gerade am nächsten ist

A – alleine klatschend durch den Raum gehen
B – gegenseitiges Klatschen mit dem Kind, das am nächsten ist

A – zu zweit durch den Raum gehen
B – zu zweit drehen am Platz

A – im Kreis gehen/im Seitgalopp 8 Takte nach rechts, 8 Takte nach links
B – im Kreis stehen, zur Kreismitte 4 Schritte, zurück 4 Schritte, 4x gleichzeitig zu beiden Nachbarn im Kreis klatschen, 3x in die eigenen Hände, der 4. Schlag ist als Pause zum Händenfassen.

Methodischer Tip:
Wenn sich beim gleichzeitigen Klatschen alle Kinder auf ihre rechte Hand konzentrieren, wird das Treffen leichter.

Ein größeres Projekt: Das Märchen vom Fröhlichen König

Das Märchen habe ich gefunden in Hans Bemmann *Stein und Flöte, und das ist noch nicht alles – ein Märchenroman*[24].

In diesem Roman für Jugendliche und Erwachsene ist das Märchen vom Fröhlichen König ein Mosaikstein, der auch für Kinder im Vor- und Grundschulalter vielfältige Anregungen zum Gestalten mit Musik, Bewegung, Sprache und Basteln bietet. In der beschriebenen Form ist es mit Kindergartenkindern erspielt, die ohne Rollenverteilung alle Figuren erlebt haben. Ich habe den Kindern das Märchen vorab erzählt. Danach haben sie acht Wochen lang alle Elemente Schritt für Schritt kennengelernt, musiziert, geübt, improvisiert, ertanzt, erspielt. Am Ende dieser Projektzeit gab es einen Gesamtdurchgang, der auch in einer offenen Stunde mit den Eltern gemeinsam durchgespielt wurde.

Dieses Projekt ist auch geeignet zum Vorführen bei einem Sommerfest im Kindergarten. Wenn man die Rollen verteilt, genügt es, wenn eine Gruppe Kinder mit Kronen den fröhlichen König und sein Gefolge spielt, eine andere die Ritter und Zauberer, eine dritte die Riesen. (Diese wären am besten von Eltern oder Erzieherinnen dargestellt!) Da jedes Kindergartenkind am liebsten immer der König sein möchte, darf es auch dieser sein. Es hat sich niemand daran gestört.

Mit der Verteilung der Sprecherrollen auf Kinder sowie einigen Erweiterungen, die mit Liedern und Tänzen das Leben am königlichen Hof in größerer Vielfalt darstellen, ist es auch als fächerübergreifendes Projekt in der Grundschule geeignet. Es können dabei auch verschiedene Klassen einzelne Elemente (einen Tanz, ein Lied, einen Zaubervers, die Begleitformen ...) erarbeiten, die dann zu einer Gesamtaufführung zusammengesetzt werden.

Anmerkungen:

- Für die Ausgestaltung des Märchens in der Rhythmik habe ich die literarische Formulierung Hans Bemmanns verändert und erweitert.
- Die musikalischen Begleitformen beschränken sich auf einen bestimmten Tonvorrat, so daß mit einfachen Mitteln und ohne Umbauten musiziert werden kann.

[24] Hans Bemmann „Stein und Flöte, und das ist noch nicht alles" – ein Märchenroman/ Edition Weitbrecht, 1983, S. 102–105.

Vorbereiten:
Saitenspiele/Stabspiele mit den Tönen g–d, Borduninstrumente (Dulcimer, Schaitholz) oder Gitarre auf G-Dur gestimmt (dann kann ein Kind darauf spielen), Flöte.

Ein Becken, Triangeln, Fingerzymbeln, Schellenbänder, kleines Schlagwerk nach Belieben, Pauke oder Trommel, evtl. Kassettenrekorder mit Tanzmusiken, Kokosnußschalen für den Zaubervers.

Requisiten:
Die Kinder basteln sich Kronen und Zauberhüte.

Einstimmung: Das Schloß
Es war einmal ein fröhlicher König. Er wohnte mit seiner Königin in einem alten Schloß, das mitten in einem großen Garten stand. Es hatte vier Türme, und auf jeder Spitze eine kleine goldene Kugel. Wenn am Morgen die Sonne schien, glitzerte und funkelte es von Gold und Silber und von vielen tausend bunten Steinen.

Musik zu diesem Bild
Die Kinder spielen auf den Stabspielen. Über den Borduntönen d–g improvisiert die Erzieherin (mit der Flöte/Stimme) eine einfache Melodie (siehe Notenbeispiel). Die anderen Kinder spielen mit den hellen Instrumenten das Funkeln und Glitzern.

– Dirigierte Improvisation: Mit dem Blick und einfachen, klaren Gesten läßt die Erzieherin ein Klang-Bild entstehen: ein Funkeln hier, dann eines dort, zwei Kinder zusammen, alle zusammen, dazwischen 4 Beckenschläge für die Kugeln, nur die Melodie der Flöte, danach ein Bordun und alle Schellen, alle Bordune und eine Triangel ... Diese Dirigieraufgabe kann danach ein Kind übernehmen.

– Sobald die Kinder gelernt haben, aufeinander zu hören und freiwillig im Musizieren abzuwechseln, kann man sie diese Musik auch ohne Dirigent untereinander arrangieren lassen. Großen Reiz hat es für die Kinder, wenn man ihre Improvisation mit dem Kassettenrekorder aufnimmt und abhört. Wenn die Kinder Verbesserungsvorschläge haben, gibt es eine weitere Aufnahme mit den neuen Absprachen.

<u>Ein Guten-Morgen-Lied</u>
Der König lebte glücklich und vergnügt in seinem Schloß. Schon morgens, wenn er erwachte, spielten ihm seine Schloßmusikanten eine fröhliche Musik.

Begleitung mit den Borduntönen auf Saitenspielen und Stabspielen/mit gleichzeitigem oder wechselweisem Anspielen der Töne.

Text und Musik: S. Peter-Führe

<u>Der Postillon</u>
Kaum war der König erwacht, hörte er aus der Ferne den Postillon mit seinem Posthorn.

Wenn die Musikanten es hörten, spielten sie das Lied vom Postillon.

Begleitung: Die Kinder zupfen auf den roten Tönen. Wer musikalisch länger daran bleiben will, kann mit ihnen die Melodie erarbeiten.

<u>*Tanzimprovisation*</u>
Kaum war der König aufgestanden, streckte und reckte er sich, hüpfte einige Male hin und her, klatschte dazu, machte dann eine feierliche Verbeugung und begann zu tanzen.

Je nach Tanzerfahrung kann man die Kinder auf die Musik frei bewegen lassen, und danach die Möglichkeiten sammeln und zu einer Tanzform festlegen. Kindern ohne Vorerfahrung hilft es, durch einige Anregungen auf ihre Ideen zu kommen.

- Der König tanzt zu zweit.
- Sie klatschen sich gegenseitig in die Hände (oben, voreinander, wechselseitig).
- Er klatscht im Wechsel in die eigenen Hände und in die des Partners.
- Wie können seine Füße tanzen?
- Wie könnte er sich drehen?
- Wohin tanzt er im Raum?

Wenn die Gruppen groß sind, kann eine Gruppe mit den Instrumenten begleiten, die andere tanzen (Wechsel).

Estampie (14. Jh.) anonym

Begleitung: Bordunquinte

An dieser Stelle paßt auch ein Folkloretanz, den der König mit allen am Hofe tanzt. Um ihn zu lernen, sollte der Weg ebenfalls vom freien Bewegen über das Ausprobieren verschiedener Möglichkeiten zu einer Gestaltung führen. (Diese kann auch ganz anders als die Originalschritte sein.) Wer will, kann über diese „entwickelnde Methode“ mit entsprechenden Aufgabenstellungen auch die Originalschritte „ertanzen“ (s. Folkloretänze).

Die Riesen
Das Märchen erzählt, daß das Leben auf dem Schloß für alle lustig und heiter war, weil sie dauernd sangen, tanzten und musizierten. Eines Tages jedoch tauchten in der Ferne große, dunkle Gestalten auf. Sie kamen langsam näher, und jeder Schritt klang wie Donnergrollen. Was waren das nur für Gestalten?

Begleite, was Du siehst
Die Erzieherin bewegt sich als Riese stampfend durch den Raum. Die Kinder begleiten ihre Schritte mit Stampfen/Wändeklopfen/Türtrommeln. Es ist musikalisch reizvoll und konzentrationsweckend, wenn der Riese in unterschiedlichen Abständen und verschiedenen Tempi stehenbleibt, sich umsieht, weitergeht.

Zeige, was du hörst
Nun bewegen sich die Kinder als Riesen. Die Erzieherin führt mit dunklen Klängen die Bewegung (Trommel, Pauke). Wenn es nicht als Reaktionsspiel gedacht ist, kann man hier Rhythmen und gleichbleibende Phrasen üben.

Z.B.:

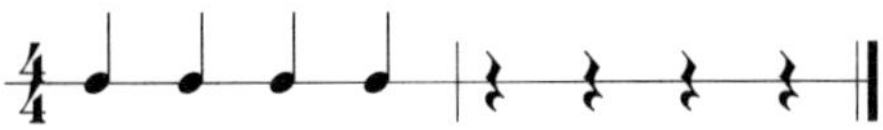

„Seht die Riesen"

„Hört das Dröhnen, hört das laute Stampfen"

Der König flieht
Die Riesen kamen dem Schloß immer näher. Der König sah, daß es griesgrämige, mißmutige Gesellen waren, und er floh mit seinem Gefolge auf einen nahegelegenen Bauernhof.

Auf ein schnelles Trommelspiel rennen die Kinder durch den Raum (Lösung der Anspannung vom Riesenspiel)

Musikalische Gestaltung: die Zerstörung
Die Riesen stapften ins Schloß. (Das ist im Raum der Platz mit den Schloßinstrumenten.) Plötzlich gab es dort großen Lärm. Weil den Riesen die Stühle viel zu klein waren, packten sie diese und warfen sie aus dem Fenster. Die Tische waren für sie viel zu niedrig, also packten sie diese und warfen sie aus dem Fenster. Das feine Porzellan schnipsten sie mit den Fingern weg. Das Bett des Königs nahmen sie in zwei Finger und warfen es aus dem Fenster ...

Die Erzieherin (und evtl. ein paar Kinder) stellen das Geschehen pantomimisch dar. Die anderen Kinder beschreiben mit den Instrumenten das Klirren und Zerbrechen, das Rumpeln und Krachen. Dazu ist es wichtig, daß die Gestik den Gegenständen entspricht, weil sie dadurch den Lärm dynamisch beeinflußt (z.B.: große Möbel: laut und lang; die Tassen: kurz und leise). Wenn es die Kinder selber nicht merken, kann man sie fragen: Wie lange klingt wohl eine Tasse, wenn sie zerbricht? Spielt es!

Der traurige König
Als der König das sah, wurde er sehr traurig. Tagelang sah man ihn nur mit hängendem Kopf herumgehen. Auch den Schloßmusikanten fiel nichts mehr ein, und so ging jeder allein für sich herum.
„Wie können wir diese finsteren Riesen nur aus dem Schlosse vertreiben?" fragte der König eines Tages.

„Mit deinen Rittern natürlich!" sagte ein Musikant erleichtert. Sofort ließ der König alle seine Ritter aus dem ganzen Lande kommen, und es waren hundert und mehr.

Die Ritter
Die Erzieherin spielt einen Galopprhythmus und die Kinder bewegen sich als Ritter durch den Raum.

Galopp Galopp Galopp Galopp
hey heee hey hee
Galopp Galopp Galopp Galopp
hey hee hey hee
brrrrrrrrrrrrrrr!

Mit ihren Lanzen und Speeren bewaffnet, ritten sie auf das Schloß zu, doch die Riesen lachten nur laut und dröhnend „ho ho ho ho hooooh!", pflückten einen nach dem anderen vom Pferd – so wie ihr eine Beere vom Strauch pflückt – und warfen sie in den Bach.

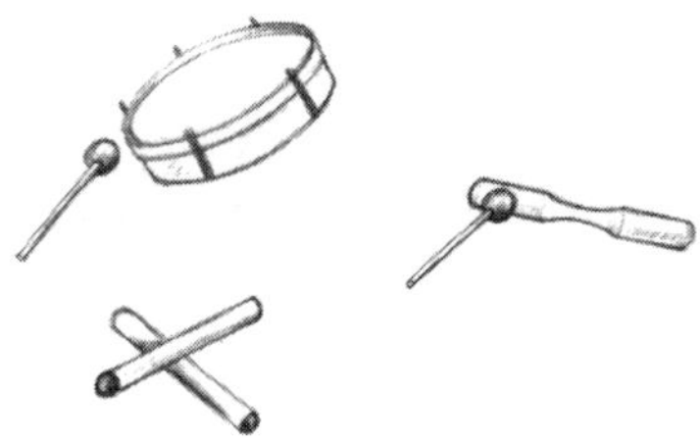

Greifen – wegwerfen, in verschiedene Richtungen/von Zungenschnalzen begleitet

Da sahen die Ritter, daß sie keine Chance hatten, und ritten schleunigst zum König zurück.

Galopp Galopp Galopp Galopp
hey heee hey hee
Galopp Galopp Galopp Galopp
hey hee hey hee
brrrrrrrrrrrrrrr!

Das war also keine Lösung. Da sagte plötzlich ein Musikant:
„Es gibt doch Zauberer, die zaubern Tücher weg und Tauben her, zaubern Hüte klein und Stöcke lang, vielleicht können sie die Riesen aus dem Schloß verzaubern?"
Dieser Vorschlag gefiel dem König sehr, und so ließ er die berühmtesten Zauberer aus dem ganzen Lande rufen.

Die Zauberer
a) Wenn die Kinder Lust haben, können sie allein/mit einem Freund/zu Hause/mit der ganzen Gruppe selbst einen Zaubervers dichten und gestalten.

b) Die Erzieherin lernt mit den Kindern einen Vers, und die Kinder gestalten ihn mit Materialien (Tüchern, Bändern, Stäben, Stoffen) und Instrumenten aus.

Beispiele:
Die erste Zauberergruppe legt sich einen magischen Punkt in die Mitte des Schloßplatzes (ein Tuch, eine Trommel). Mit Kokosnüssen und Stäben beginnen sie ihren Zauber:

Hokus Pokus Kokosnuß	(rühren rühren klopf klopf klopf)
Hexenzwirn und Löwenfuß	(rühren rühren klopf klopf klopf)
Eulenschwanz und Mäusedreck	(rühren rühren klopf klopf klopf)
alle Riesen sind jetzt weg!	(um sich drehen und Schlußsprung)

(Variante eines Abzählverses von Janosch)[25]

Nach dem Zaubern geht der Blick zum Schloß:

Seht mal schnell zum Schlosse hin!
Die Riesen sind noch immer drin.
Sie lachen laut und das klingt so:
„Ho ho ho ho hooo!"

Die zweite Zauberergruppe legt sich einen Kreis (mit einem Seil):

Holter polter pitz patz paus	stampfen stampfen klatschen klatschen
alle Riesen kommen raus!	um sich drehen und Sprung am Platz
Holter polter pitz patz pong	stampfen stampfen klatschen klatschen klatschen
mit dem Ton vom Zaubergong	die Hände zeigen pantomimisch den
dong ...	Schlag und den großen Gong
zaubern wir euch eins – zwei – drei	mit den Handflächen wischen
in ein klitzekleines Ei!	pantomimisch ein Ei zeigen

Nach dem Zaubern geht der Blick zum Schloß:

Seht mal schnell zum Schlosse hin!
Die Riesen sind noch immer drin.
Sie lachen laut und das klingt so:
„ho ho ho ho hooo!"

Nachdem die besten Zauberer nichts gegen die griesgrämigen Riesen ausrichten konnten, wußte der König keinen Rat mehr. Da kam am nächsten

[25] Der Vers von Janosch ist aus: Die Stadt der Kinder dtv-Junior, München 1972, Nachdruckrechte: G. Bitter Verlag, Recklinghausen.

Morgen ein Kind am Bauernhof vorbei. Es wunderte sich sehr über den traurigen König und ließ sich sein ganzes Leid erklären.

„Na, wenn's weiter nichts ist!" sagte es zum König, „da kann ich euch helfen. Ihr müßt nur genau befolgen, was ich euch sage."

Der König versprach es und nickte mit seinem großen Kopf.

„So fangt ab morgen in der Frühe wieder mal an zu singen und zu tanzen, auch wenn es euch schwerfällt. Und dann wartet ab, was geschieht."

Die Lösung

Was soll gesungen und getanzt werden? Hier können die Kinder Lieder und Tänze vorschlagen. Da meistens bekannte Kinderlieder gewünscht werden, können sie mit rhythmischen Spielformen gestaltet werden.

Beispiele:

a) Alle nehmen sich ein Instrument zur Hand und bewegen sich zum gesungenen Lied rückwärts im Raum.

b) Zwei Kinder stehen beieinander und jedes spielt auf dem Instrument des Partners.

c) Die Erzieherin spielt ein bekanntes Lied auf der Flöte, die Kinder tanzen dazu und begleiten sich selbst. Bricht die Musik ab, gehen sie schnell zu einem Kreis zusammen, und singen den Rest des Liedes weiter …

Nach jedem Spiel geht der Blick zum Schloß:

Seht mal schnell zum Schlosse hin
Die Riesen … sind noch immer drin.
Doch scheint es mir, sie schrumpeln ein,
denn einen (viele) hör ich deutlich schrein:

„Oh weh, oh weh, was ist das bloß,
ich bin (wir sind) ja nicht mehr riesengroß!"

Der Vorschlag des Kindes schien gute Wirkung zu haben, denn nach dem letzten Tanz riefen es alle Riesen, aber es klang sehr leise:

„Oh weh, oh weh, was ist das bloß,
wir sind ja nicht mehr riesengroß!"

Nach der letzten Musik war es still.

„Seht mal schnell zum Schlosse hin,
die Riesen … sind jetzt nicht mehr drin!
Seht her, sie krabbeln auf dem Stein,
und ganz, ganz leise ist ihr Schrein:

„Oh jemineh, wie sind wir klein,
noch kleiner als ein Kieselstein!"

Das gute Ende
Da bat der König seinen Diener, Schaufel und Besen zu holen. Er fegte die Riesen zusammen und kehrte sie auf die Schaufel ... Dann hielt er sie in den Wind. Der blies einigemale sehr heftig ... Da flogen alle griesgrämigen klitzekleinen Riesen mit dem Winde weit über alle Welt, und waren seitdem nie mehr gesehen.

Die Erzählung wird pantomimisch und mit stimmlosen Geräuschen begleitet.

Der König zog mit dem Kind und seinem ganzen Gefolge wieder ins Schloß ein, und sie feierten ein großes Fest. Die Leute sagen, daß die Riesen bisher auch nicht wieder zurückgekommen sind. Denn wenn jemand im Schloß länger als nötig mit griesgrämigem Gesicht herumläuft, sagen die anderen: „Du, paß auf, daß dir nicht unter dem Fingernagel ein kleiner Riese zu wachsen beginnt!"

Wenn es nicht so gewesen wäre, hätte ich es euch nicht erzählen können.

Methodisch-didaktische Hinweise
Dieses Märchen bietet einen Rahmen zum Spielen und Gestalten. Je nach Fähigkeiten der Kinder können ganz einfache oder schwierigere Elemente herangezogen werden. Wichtig ist bei der rhythmischen Arbeitsweise, daß der Lernvorgang kein stures Einstudieren ist. Je mehr die Kinder am Gestaltungsprozeß beteiligt werden, und je selbstverständlicher sie sich im Raum bewegen, umso sicherer sind sie bei der Aufführung.

Begleitende Gedanken: Die Elemente der rhythmischen Erziehung

„Ruhe im Zentrum deiner Bewegung"

Bewegung

Bewegung ist immer Lebensausdruck des ganzen Menschen und erzählt von seiner Befindlichkeit. Und doch ist dieses Bewegungsverhalten nicht ein definitiv festgelegter Ausdruck seiner Person. „Ein jeder bewegt sich, empfindet, denkt, spricht auf die ganz ihm eigentümliche Weise, dem Bild entsprechend, das er sich im Laufe seines Lebens von sich gebildet hat."[26] Veranlagung, Erziehung, Wunschvorstellungen und auch die Einflüsse der Umgebung prägen das Bild, das sich ein Mensch von sich macht, und damit auch sein Bewegungsverhalten. Dabei bleibt manches, was ein Mensch ursprünglich gern leben wollte, auch verdrängt oder nicht angesprochen. Auch diese fehlenden Teile prägen das Ich-Bild mit, nur sind sie vielen erwachsenen Menschen nicht bewußt. In Rhythmikfortbildungen erlebe ich immer wieder, daß die Teilnehmenden durch die Gestaltungsaufgaben neue Reaktionen und Fähigkeiten an sich entdecken, die sie sich zum einen vorher nie zugetraut hatten oder die ihnen neue Sichtweisen über sich und ihre Reaktionsmuster vermitteln.

Kinder leben noch nicht nach Ich-Bildern. Ihr Verhalten ist lange Zeit spontan, voller Lebensenergie und Lebenslust, mit gleicher Direktheit in bestimmten Umständen aber auch voller Aggression. Sie leben ihre wechselhaften Stimmungen und Einfälle, sind innerlich wie äußerlich sehr bewegt, schaffen sich Spielräume und Situationen, wollen sich durchsetzen, müssen lernen, sich zu arrangieren und manchesmal zu wehren. Kinder loten ihr Verhalten aus, entsprechend der Reaktion, die ihnen entgegengebracht wird. Wenn sie nach Bildern leben, dann sind das Nachahmungen von Figuren oder Menschen, die sie aus Filmen, Bilderbüchern, Geschichten und ihrem täglichen Leben kennen, und die einen großen Eindruck auf sie machen.

Bewegung ist in der rhythmischen Arbeit unter diesen Voraussetzungen zu verstehen. Nicht als Gymnastik oder Bewegungstraining, sondern vielmehr als Verhalten und Handeln in verschiedenen Situationen, das immer zusammenhängt mit der Wahrnehmungsfähigkeit, dem Denken, dem Empfinden und Wollen. Der persönlichkeitsbildende, erzieherische Aspekt der rhythmischen Arbeit liegt darin, daß die Kinder durch den

[26] Moshe Feldenkrais: Bewußtheit durch Bewegung, Suhrkamp Verlag Frankfurt 1982, S. 31.

Umgang mit Wahrnehmungsanreizen durch Musik, Sprache, Materialien und die Gruppe ein situationsorientiertes, stimmiges Bewegungsverhalten anstreben. Die Aufgabenstellungen und Spielformen regen sie an zu probieren, Neues zu wagen, Vertrautes zu verändern, zu variieren, Lösungen zu gestalten und sich Entwickelndes zu üben, damit es zu neuen Fähigkeiten und Fertigkeiten kommt.

Bewegungsimpulse sind immer auch Entwicklungsimpulse, „denn der Mensch entwickelt sich, indem er sich bewegt."[27] Wenn Kinder in ihrer körperlich-seelischen Entwicklung Defizite aufweisen, sind immer auch Bewegungsauffälligkeiten damit verknüpft. z.B. zu starker und schwacher Bewegungsantrieb, mangelnde Beherrschung der Grundbewegungsformen, Probleme bei der Koordination, Bewegungsunlust und Hypermobilität.

„Solche Kinder bedürfen vorrangig einer Einflußnahme, die der elementaren Bedeutung der Bewegung Rechnung trägt und die geeignet ist, zur Harmonisierung der Bewegung oder zum Aufholen von motorischen Entwicklungsrückständen beizutragen. Die verschiedenen Methoden psychomotorischer Übungsbehandlung zielen ebenso darauf ab wie die rhythmisch-musikalische Erziehung. Gemeinsam ist ihnen das Anliegen, dazu weitgehend die Interaktion und Kommunikation im Gruppenverband zu nutzen und dabei prinzipiell die Freude an der Bewegung als Motivation für die aktive Auseinandersetzung mit der Umwelt erleben zu lassen. Die verstärkte Einbeziehung der Musik und die Betonung des rhythmischen Elements in Musik – Bewegung – Sprache bleibt aber der rhythmisch-musikalischen Erziehung vorbehalten."[28]

Musik

Die Wirkung von Musik auf Kinder ist noch sehr unmittelbar: Babys drehen sofort den Kopf nach den Klangquellen, und es ist ihren Gesichtern abzulesen, ob sie daran Gefallen finden oder ob sie dadurch verängstigt sind. Hören Kleinkinder rhythmisch anregende Musik, wippen sie mit ihrem Becken mit – und sie fangen an zu tanzen, sobald sie es körpertechnisch können! Zweijährige singen, während sie spielen: sie lassen die Silben, Worte und die Töne einfach fließen. Bei 3jährigen Kinder erklingen Teile aus Liedern, die das Kind schon gesungen hat, manchesmal erklingen wörtliche Ungereimtheiten auf rhythmische Strukturen, die dem Kind aus Liedern oder kleinen Versen bekannt sind. Auf anregende Musik klatschen oder tanzen sie spontan. Ältere Kinder dichten Lieder witzig um und singen diese am liebsten mit Spielgefährten. Musik ist hier überall noch ursprünglicher Lebensausdruck, ist nicht Beiwerk, nicht Schmuckwerk, Musik ist hier noch unmittelbare „Seinsform".

---

[27] Dr. Karla Röhner in: „Rhythmik in der Erziehung", 4/92/S. 133.
[28] Ebenda, S. 134.

Musik ist auf dem Weg von außen nach innen Stimulanz auf allen Ebenen unseres Seins. Musikwellen beeinflussen – oft unbewußt – unsere Atmung, die Muskelspannung und unseren Pulsschlag. Die Macht ist meistens so stark, daß wir uns ihrer nicht erwehren können. Unsere Biologie ist diesem musikalischen Naturgesetz unterworfen. Im Zusammenhang mit diesen körperlichen Reaktionen nimmt Musik auch unser psychisches Befinden ganz in ihren Bann. Sie macht uns traurig und freudig, sie zieht uns mächtig an und stößt uns ab. So mancher Mensch kommt völlig ausgelaugt von der Arbeit heim, hört eine Viertelstunde lang Musik, und plötzlich sind die Kräfte wieder da. Unsere multikulturelle Musikkultur bietet unendlich viele Farben und Nuancen, so daß jeder seine Musik finden kann, die ihn bewegt und erfüllt.

Eine andere Erfahrung mit eigenen Kindern: Wenn sie rappelig sind und mit sich nichts anzufangen wissen, hat sie mein Üben auf dem Instrument oft wieder zentriert und zum Spielen motiviert. Ein Lehrer sagte mir einmal: „Wenn die Klasse aus dem Häuschen ist, nehme ich meine Gitarre und singe mit den Kindern. Danach kann ich wieder weiterarbeiten."

Musik ist eine große Kraft. Sie löst innere wie äußere Bewegungen aus, sie schafft Stimmungen, Atmosphären, sie vermittelt Gemeinsamkeit und bewirkt Verhaltensweisen. Im positivsten Fall zeigt uns das die Verwendung von Musik in der Pädagogik und als heilende Kraft in Therapieformen, im negativsten Fall zeigt uns das die Verwendung von Musik in der Werbung und in Kaufhäusern.

Die Bedeutung der Musik in der rhythmischen Arbeit

Musik in der Rhythmik hat nicht die Funktion, beiläufig eine positive Stimulanz zu sein (wie in der Gymnastik mit Musik z.B.). Sie wird vielmehr als Klanggestalt, als solches wahrgenommen und ist zum bewußten Zuhören gedacht. Musik und Bewegung werden in ihrer gegenseitigen Wechselwirkung eingesetzt.

Aufgabenstellungen im Bereich „zeige, was du hörst" und „begleite, was du siehst" zeigen die enge Verbindung von den musikalischen Elementen und der Bewegung. Beispiele sind:

- bewege dich, solange ein Ton klingt;
- zeige, wie er klingt: hoch, tief, laut, leise;
- zeige den Verlauf der Melodie in der Luft mit;
- klatsche den Rhythmus, wenn er in der Musik ertönt;
- die Füße hören den Rhythmus und tanzen. Ändert sich der Rhythmus, klatschen die Hände;
- bei der Wiederholung spielt die andere Hand;
- Rätsel: Welche Bewegungsart spielt die Musik?
- Ein Kind springt von Ast zu Ast. Die anderen begleiten seine Bewegung mit den Instrumenten.

– Die Erzieherin bewegt sich wechselweise mit Riesenschritten, mit Zwergenschritten oder hüpft vereinzelt. Die Kinder haben entsprechende Instrumente (Trommeln, Klanghölzer, Schellenringe) und spielen immer dann, wenn ihres an der Reihe ist.

Die Musik wird dadurch mit Wahrnehmungsanregungen und Bewegungsgestaltungen den Kindern nahe gebracht. Der Einsatz von Musik in der rhythmischen Arbeit ist auf diese Weise elementar und vielfältig zugleich. Elementar im Sinne von grundlegend, vom Erfassen des Wesentlichen einer Sache. Für manche Spiele ist es nur der Klang eines Instrumentes, der ein Spiel beginnt oder beendet, manchesmal nur das Geräusch einer Rassel, das eine Zeitdauer angibt oder die Intensität der Bewegung bewirkt. Musik ist auch, wenn Kinder selbst Klänge produzieren, das einfache Spielen und Improvisieren mit der Stimme und mit Instrumenten. Musik ist auch die improvisierte Musik zur Bewegung durch die Erzieherin, das Singen, Summen einer Melodie, das Spielen mit Sprachsilben.

„Elementare Musik ist nie Musik allein, sie ist mit Bewegung, Tanz und Sprache verbunden, sie ist eine Musik, die man selbst tun muß, in die man nicht als Hörer, sondern als Mitspieler einbezogen ist." (Carl Orff)

Als Mitspieler beim Musizieren erleben sich Kinder wie auch Erwachsene oftmals ganz anders. Kräfte, die sonst in uns schlummern, und von denen wir nicht viel Ahnung haben, können durch das eigene Musizieren geweckt und befreit werden. Im Musizieren begegnen wir auch unserem Gegenüber auf eine neue Art, weil es andere Schichten von uns und unseren Mitmenschen zeigt. Wir sind gewohnt, über die Sprache miteinander zu kommunizieren, die Musik aber ist eine Sprache mit einer ganz anderen Qualität. So öffnen sich auch Kinder untereinander im gemeinsamen Musizieren und arrangieren sich im instrumentalen Spiel. Auch wenn sie sich mit der Sprache nicht viel zu sagen haben oder oft zu streiten anfangen, ist es ihnen möglich, durch die Musik gemeinsame Schwingungen freizusetzen. Kriterien der Sozialerziehung wie die Akzeptanz der Mitspieler, das gegenseitige Zuhören und Ausreden-lassen u.a. kommen in musikalischen Improvisationen und Spielformen zur Geltung: „Wenn ein Kind ausgespielt hat und sich hingesetzt hat, spielt das nächste" – „Wir versuchen, den Einsatz gemeinsam zu spielen" – „Konnten die Instrumente verklingen, ohne daß Dazwischenreden gestört hat?"

Geht man den Weg weiter und bespricht mit den Kindern, was sie erlebt haben, was das Anliegen der Aufgabe war, wird es ihnen bewußter und kann als Fähigkeit nach weiterem Üben auch in andere Situationen übertragen werden.

Jedes instrumentale Spielen von den einfachsten Anfängen bis zu einem großen Können wirkt auf den Menschen. Primär ist es die Freude an der Klangerzeugung, dieses starke Erlebnis, daß man Urheber eines klanglichen Gebildes ist. Danach kommt der Prozeß der Erziehung und Selbsterziehung: die innere Kraft zu entwickeln, das Musizieren zu kultivieren, bis es z.B. in der Lautstärke auch Differenzierungen gibt, und nicht nur „Krachmachen" die einzige Audrucksform ist. Oder sich ständig der Herausforderung zu stellen: gelingt eine Begleitform heute erstmalig oder nochmalig. Bis man ein Stück wirklich spielen kann und das Instrument beherrscht, ist es eine ständige Konfrontation mit der eigenen Unfähigkeit und dem Wunsch, es doch zu können. Hier setzt die Aufgabe des begleitenden Erwachsenen ein: dem Kind auf diesem Weg immer wieder Anregungen und Hilfen zu geben und ihm Mut zu machen.

Musikalisches Tun wirkt dadurch auch zurück auf die Innerlichkeit und wirkt weiter auf das soziale Verhalten des Kindes in der Gruppe. In der Erziehung zur Musik steckt auch die Erziehung durch Musik, und dieser Ansatz hat vor allem im Lebensraum Kindergarten und Grundschule große Gewichtung.

Sprache

Sprache hat mehr als nur die Funktion, Informationen zu übermitteln. Das Gestalten der Sprache als solche und die Verwendung der Sprache als Bewegungsbegleitung gibt dieser eine spielerische Bedeutung. Die Lust am Sprachklang, die Freude an den ersten sprachlichen Äußerungen kann man schon bei den Babys und Kleinkindern beobachten. Das Spiel mit den Lauten, Silben, Wörtern, Reimklängen und Rhythmen einer Sprache erleben wir sehr stark bei Kindergartenkindern, in einer differenzierten Weise auch bei Schulkindern. Kindergartenkinder befinden sich noch sehr stark in dem Prozeß, die Sprache mit ihren Lauten, Konsonanten und Vokalen überhaupt erst zu bilden, d.h. nicht der Inhalt der Sprache ist primär bedeutsam, sondern der Akt des Hervorbringens der Sprache an sich. Ein neues Wort ist ein neuer Klang, der mit den Sprechwerkzeugen geübt werden muß. Bis aus „Telofin" z.B. der „Delphin" wird, ist eine große Differenzierungsleistung im Hören wie im Sprechen zu erbringen. In dieser Zeit reden oder singen sie oft in einem „Kauderwelsch" vor sich hin, dichten Nonsens-Verse in Reimschemata, die sie aus Liedern oder Gedichten kennen. Und sie freuen sich, wenn man mit ihnen in dieses Spiel einsteigt.

Eine besondere Bedeutung kommt beim Sprechenlernen der Hand zu. Forschungen haben belegt, daß ein Zusammenhang zwischen der Feinmotorik der Hand und dem Sprachzentrum besteht. Doch als diese Ergebnisse noch nicht bekannt waren, haben schon Generationen von Großmüttern, Müttern und Erzieherinnen mit ihren Kindern Verse und Spiele mit den Fingern gemacht. Deshalb sind gerade für diese Altersstufe des Spracherwerbs viele Fingerspiele, Verse und Gedichte überliefert.[29]

[29] Eine Fundgrube bietet dafür das Buch: „Das ist der Daumen Knuddeldick" Herausgegeben von M. Arndt/W. Singer im Otto-Maier Verlag Ravensburg 1980.

Eine weitere Qualität haben Texte, bei denen Sprache mit Musik verbunden wird. Z.B.:
- ein Vers mit einfachen Schlaginstrumenten in der Pulsation oder im Sprachrhythmus begleitet;
- ein Gedicht mit verschiedenen Klangfarben der Stimme (mit verschiedenen Instrumenten klanglich gesprochen und „ausgemalt“);
- ein Fingerspiel oder Handgestenspiel mit einer Melodie vertont.

Nicht nur für Kindergartenkinder, gerade auch für Schulkinder oder Kinder mit Sprachschwierigkeiten haben Spiele mit der Sprache ihren Sinn. Mit entsprechendem methodischen Handwerk können Sie selbst die Schultexte auch in Verbindung mit den schulischen Notwendigkeiten rhythmisch ausgestalten.

Gestalten mit Texten kann vielfältig sein:
- Sprechen in Verbindung mit einem Fingerspiel, Handgesten oder Gebärden;
- Sprechen und Bewegen in der Großmotorik, Sprache als Bewegungsbegleitung;
- Sprechen und rhythmisches Begleiten mit Klanggesten oder Instrumenten;
- Sprechen und Malen;
- Spiel mit Lautfolgen, Silben und einzelnen Wörtern;
- Ausgestalten von Reimen und Gedichten mit Klanginstrumenten; dabei kann der Rhythmus der Sprache, der Klang einer Silbe, eines Wortes, die Sprachmelodie eines Satzes oder der Inhalt unterstützt, hervorgehoben oder dargestellt werden;
- darstellendes Spielen von Textinhalten.

Methodischer Hinweis
Bei der Verwendung von einem Text ist es wichtig, ihn vorher für sich zu sprechen und ihm nachzuspüren, zu welchem spielerischen Umgang er sich eignet.

Materialien
Für rhythmische Spiele, Aufgaben und Übungen kann man nahezu jede Art von Material verwenden. Angefangen von den klassischen Rhythmikmaterialien wie Reifen, Seile, Bälle, Tücher, Holzkugeln usw. über die Gegenstände, die in jedem Raum zu finden sind, wie Stühle, Tische, bis zu Materialien, die einem im alltäglichen Gebrauch zwischen die Finger geraten. Ich verwende auch gerne Naturmaterialien, die im Lebensumfeld der Kinder zu finden sind. So lernen sie, ihre Umwelt mit wacheren Sinnen wahrzunehmen und gestaltend mit ihren Elementen umzugehen.

Trotz der Möglichkeit, mit allem etwas anfangen zu können, muß man sich bewußt sein, daß in jedem Material eine ihm eigene Beschaffenheit mit Aufforderungscharakter liegt, die das Spielen der Kinder, ihre Bewegungsabläufe und Verhaltensweisen beeinflußt. So wird der Einsatz von einem Material auch immer abhängig sein von der erzieherischen Absicht, von der Gruppengröße und den räumlichen Umständen.

Einsatzmöglichkeiten

– Material wird zum einen als Thema selbst eingesetzt. Man kann damit Sinneserfahrungen vermitteln, Sachzusammenhänge beschreiben, die als Begriffe erlebt und benannt werden (z.B. Rhythmik mit Walnüssen).

– Die Verwendung von Material ermöglicht es auch gehemmten Kindern, von sich abgelenkt zu werden und damit handelnd in das Stundengeschehen einzusteigen.

– Es ist eine schöne Möglichkeit, mit Spielformen über das Material Bezug zueinander aufzubauen, um im weiteren Verlauf rhythmische Spielformen wie Führen und Folgen, musikalisches Gestalten, Partner- und Gruppengestaltungen zu erleben.

– Material kann dazu beitragen, sich in ungewohnte Bewegungsabläufe einzulassen, weil es bestimmte Bewegungen motiviert. In dem Verlangen, das Material zu beherrschen, lernt das Kind, seine Bewegung zu koordinieren. Es übt in dieser Beziehung auch ein anderes Verhalten, das ihm unter Umständen neue Seiten seiner Person erschließt, z.B. habe ich einen motorisch sehr unruhigen Jungen im Schulalter beobachtet, der es nicht schaffte, einen Japanball zweimal zu tippen, weil seine Bewegungen immer sehr ausladend waren. Auf den Tip hin, seinen Ball doch einmal vor sich nur ganz leicht anzutippen, und dem Ball dabei zuzuschauen, übte er diese kleinere Bewegung. Sie fiel ihm sichtlich schwer, doch blieb er dabei und schaffte es nach einiger Zeit bis zu zehn Mal. Er lachte und sagte: „Morgen üb' ich weiter."

– Material ist ein „Spielzeug" und hat dadurch einen hohen Erlebniswert. Es reizt zum Experimentieren, zum Gestalten, zum Kunststücke machen, zum Spielen als Selbstzweck.

– Material kann auch als Mittel zu einem (Lern-)Zweck eingesetzt werden. Ein Beispiel für die Schule: Prellen und Rollen mit einem Tennisball. (Das geht platzmäßig in jedem Klassenzimmer). Die Kinder prellen den Tennisball und fangen ihn wieder auf. Wenn sie den Bewegungsablauf beherrschen, brauchen sie ein gemeinsames Tempo. Zur Bewegung ruft die Lehrerin jeweils ein Wort der linken Spalte (s.u.), die Kinder sprechen es nach. Nach einigen Wörtern haben sie ein Gespür für die Dynamik und die Kürze der Vokale. Danach kommt die andere Qualität: Rollen des Tennisballes zu einem Partner. Dazu sprechen sie die Wörter mit den langen Klängen nach. Anhand dieses körperlichen Erlebens können dann die Regeln für die Verdopplung bzw. der Anwendung von ie / hz ... besprochen und schreibend wie lesend geübt werden.

Prellen (und Fangen)	Rollen zum Partner
Ball – Fall	Schal – Tal
schnell – hell	Schnee – See
voll – toll	Sohle – Kohle
Sinne – Rinne	sieben – lieben
lecken – strecken	Regen – Segen
prellen – bellen	

Eine weitere Möglichkeit, den Einsatz von Material im Unterricht nicht nur zum Auflockern, sondern auch zu einem „Lernspiel“ heranzuziehen: Die Kinder sprechen kurze Sätze, bzw. Reime oder nur einzelne Wörter und tippen dazu mit dem Seidenball. Sie erleben dabei die einzelnen Silben, die später bei der Aufgabe des Wörtertrennens wichtig werden.

Mei-ne Mut-ter hat ge-ru-fen,
heu-te gibt es Saft und Ku-chen.

Phantasievolles Spielen mit Material

„Die Zerstörung der kindlichen Phantasie“ ist das Thema, das der Philosoph Hans Saner in einem Aufsatz behandelt. Er schreibt darin: „Der Mensch weist praktisch allen Dingen, mit denen er sich umgibt, Funktionen zu. Seine Dingwelt hat die Struktur des um–zu. Sie ist, um mit Heidegger zu sprechen, primär nicht *vor*handen, sondern *zu*handen. Das gilt ebenso für die Dingwelt der Kinder wie für die der Erwachsenen. Der Unterschied liegt aber darin, daß Erwachsene den Dingen meist eine bestimmte Funktion zuweisen, während Kinder die Funktionalität weit offenhalten. Ein Stuhl kann auch mal ein Haus oder ein Podest oder ein Hindernis oder ein Schlitten sein, kurz: eben das, was die Phantasie nun mit ihm „anfängt“. Der Erwachsene sieht darin einen Mißbrauch und einen Fall von Disfunktionalität. Er lehrt das Kind nun den „richtigen“ Gebrauch der Dinge. Erziehung wird so, schon beim ganz kleinen Kind, Unterricht von der eingeschränkten Funktionalität aller Dinge für alle Menschen. Die spielerisch-funktionale Phantasie wird aus dem Umgang mit den Dingen sukzessive eliminiert, bis schließlich der ususgemäße Gebrauch allein bleibt, der keine Spielräume mehr zuläßt und kein Spielfeld im Umgang mit ihnen ist.“[30]

In der Rhythmik ist so ein Spielfeld mit Spielräumen und Handlungsmöglichkeiten geschaffen. Es geschieht auch beim phantasievollen Gebrauch meist weniger Ungeschick, als man weitläufig annimmt. Wenn die Kinder Gelegenheit hatten, ihr Material sinnlich wahrzunehmen und

[30] Hans Saner, zit. in: „Rhythmik – ein pädagogisches Arbeitsprinzip“ von Sabine Hoffmann-Muischneek, in Zeitschrift „Rhythmik in der Erziehung“, Heckners Verlag, Wolfenbüttel 3/92 S. 79.

kennenzulernen, gehen sie im Normalfall auch behutsam und ihm entsprechend damit um. Das innerlich begleitete (nicht blinde) Vertrauen in das kindliche Gespür für eine Sache muß die erzieherische Grundhaltung sein, nicht die Angst um eine Sache. Denn dafür haben Kinder sehr gute Antennen.

Das Material: Instrumente

Einer Kursteilnehmerin war aufgefallen, daß sie in Rhythmikkursen die Instrumente immer zuerst selber anspielen durfte, bevor sie irgendwelche Haltungs- oder Spielanweisungen erhielt. Das gleiche gilt auch für die Arbeit mit Kindern. Das hängt ebenfalls mit dem letztgenannten Gedanken zusammen. Jeder Mensch hat eigene Bewegungsmuster, und darum ist es müßig, Einheitlichkeit als Selbstzweck zu fordern. In der rhythmischen Arbeit mit Instrumenten geht es um das Kennenlernen, das anhand von Klang-Kriterien ausgeweitet wird. Wenn ich spüre, daß die Kinder sehr verhalten sind, und das Instrument mehr verträgt, ermutige ich sie z.B. zu einer Musik wie Donnergrollen o.ä. Wenn die Saiten der Gitarre scheppern oder die Stäbe beim Xylophon herausspringen, dann sind das wahrnehmbare Zeichen des Instruments, das so wild nicht gespielt werden soll. Beim Musizieren mit dem Saitenspiel habe ich einigen Kindern Korrekturen gegeben, wenn sie mit ihren Fingern nicht gezupft, sondern gezogen haben.

Doch der Weg ist auch für mich: ihnen das Instrument als etwas Wertvolles in die Hand geben, wahrnehmen, wie sie damit umgehen, vertrauen darauf, daß auch die eigene „erzieherische Einstellung", die eigene Liebe und Achtung zum Instrument bei den Kindern mitschwingt, und nur dann korrigierend eingreifen, wenn es notwendig ist, bzw. wenn eine andere Klangqualität angestrebt wird.

Ein Tip zum Gestalten mit Materialien:

Natur-Kunst von Andy Goldsworthy. Er lebt in Schottland, ist bildender Künstler und gestaltet seine Werke ausschließlich mit Materialien, auf die er in der Natur trifft. Dort, an Ort und Stelle des Findens, gestaltet er sein Werk … Er arbeitet mit Eis, Grashalmen, Steinen, Ahornblättern, Zweigen … Dadurch sind sie in der Zeit ihrer Vollendung wiederum abhängig von der Natur. Denn ein Windstoß, ein Regen oder im Winter auch zuviel Sonnenwärme machten diese Arbeiten zunichte. Die Vergänglichkeit seiner Werke ist ein Charakteristikum, seine intuitive, einfühlende Beziehung in diese Materialien ein weiteres. Sie überleben nur durch den Akt des Fotografierens[31].

[31] Einen beeindruckenden Fotoband über seine Arbeiten gibt es bei Verlag Zweitausendeins/Frankfurt am Main. Er hat nur seinen Namen „Andy Goldsworthy" als Titel/1991.

Soziales Lernen

Der ursprüngliche Ort sozialen Lernens, die Familie, kann diese Aufgabe heute in vielen Fällen nicht mehr erfüllen. Alleinerziehende Elternteile, Berufstätigkeit vieler Eltern mit entsprechend weniger gemeinsamer Zeit, der bestimmende Einfluß der Medien auch zu den Essenszeiten, die früher die Momente waren, an denen die Familienmitglieder ins Gespräch kamen, all das hat die Gelegenheiten vermindert, elementare soziale Erlebensformen im täglichen Miteinander auszuprägen.

Die neuen, wichtigen Orte für soziales Lernen sind deshalb der Kindergarten und in verstärktem Maße auch die Schule. Daneben bleiben noch die Aktivitäten in einer Gruppe, wie z.B. Sportverein, Musikschule, Ballettgruppe u.a. Doch ist das gemeinsame Tun dort eine außergewöhnliche Situation, weil sie nur einmal die Woche stattfindet.

Die Kultur in den alltäglichen Formen des Umgangs miteinander mß heute oft im „pädagogischen Alltag" erst einmal angelegt werden. Verhaltensweisen und Umgangsformen in der Gruppe wie einander zuhören, ausreden lassen, Konflikte ertragen und nach konstruktiven Lösungen suchen, Solidarität, Hilfsbereitschaft und Rücksichtnahme entwickeln, mitdenken, mitgestalten, sich einbringen usw. müssen immer wieder angesprochen und im Tun erprobt und gepflegt werden.

Eine Möglichkeit für soziales Lernen liegt auch in den Inhalten wie in den Methoden der rhythmischen Erziehung. Zum einen fördert gemeinsames Musizieren, Improvisieren, Gestalten von Texten und Folkloretanz das gemeinsame Schwingen und Aufeinander-einlassen. Es prägt die Fähigkeiten des Zuhörens und Abwartens, wie auch das Engagieren und Sich-einbringen. In Partnerspielen und Gruppenaufgaben sind die Kinder auf das gegenseitige Führen und Folgen angewiesen, auf das wache Wahrnehmen und einander Anpassen wie auf der anderen Seite auf das Ergreifen von Initiativen, auf die Durchsetzung der eigenen Anliegen.

Neben diesen kooperativen Aspekten ist es aber auch wichtig, daß die einzelnen Kinder immer wieder eine Stärkung ihres Selbstwertgefühles erleben, indem sie Aufgaben bewältigen können, die ihnen Selbstvertrauen geben, weil sie ihre Fähigkeiten und Kreativität einbringen können.

Polarität

„Eine natürliche Gegensätzlichkeit zwischen zwei Erscheinungen, die keine Gegnerschaft, sondern eine Ergänzung zum Wesen des andern ist, finden wir unter dem Namen Polarität auf allen Stufen des Lebendigen im größten wie im kleinsten Ausmaß … Im rhythmischen Unterricht haben wir es mit zwei großen Polaritäten zu tun: der zwischen dem beseelten Körper und dem bewußten Geist und der zwischen unserer Innen- und Außenwelt."[32]

[32] Elfriede Feudel: Durchbruch zum Rhythmischen in der Erziehung, Klett 3/1974, S. 24.

Polare Beziehungen finden wir immer und überall. Sie können als solche aber nur wahrgenommen werden, wenn zu einem Pol auch der Gegenpol erkannt ist. Der Atem trägt die Polarität des Einströmens, der Fülle und des Ausströmens, der Leere in sich, Licht wird erlebt durch das Dunkel, der Tag mit seinen Aktivitäten durch das Ruhen in der Nacht, die Fröhlichkeit durch die Traurigkeit, die Jugend durch das Alter, die Krankheit durch die Gesundheit, die Höhe durch die Tiefe, das Große durch das Kleine, das Kind durch den Erwachsenen, das Männliche durch das Weibliche ... Auch Träumen und Verwirklichen, Loslassen und Ergreifen, Geschehenlassen und Mitwirken, Wahrnehmen und Handeln, Aufbauen und Zerstören, Können und (noch) Nicht-können, bei sich sein und beim anderen sein usw. sind Polaritäten, die das alltägliche Leben bestimmen.

Das Prinzip der Polarität ist auch grundlegend für das Verständnis von Rhythmus: Rhythmus ist ein zyklisches Geschehen, ein immer wieder neues Entstehen und Vergehen, mit Höhepunkten und Ruhepunkten. Das gilt für die Rhythmen der Natur, von Tag und Nacht, vom rhythmischen Wechsel der Jahreszeiten, die immer wieder in ähnlichen Abständen wiederkehren, vom Zyklus der Frau genauso wie für musikalische Rhythmen, mit ihrem Spannungsaufbau, dem Höhepunkt, der Entspannung, und dem Ruhe- bzw. Umkehrpunkt.

Ein Ausdruck des Polaritätsgedanken ist das Yin-Yang-Symbol. (Es war bereits zu Beginn unseres Jahrhunderts auch im Westen bekannt. So zierte es z.B. auch den Giebel der Bildungsstätte Hellerau bei Dresden, in der die Rhythmik zu Beginn unseres Jahrhunderts eine ihrer bedeutendsten Entwicklungszeiten hatte.)

„Es zeigt die Zusammensetzung des Universums aus Yin und Yang, die nur zusammen ein Ganzes bilden. Die beiden Punkte deuten darauf hin, daß jede der beiden Kräfte auf dem Höhepunkt ihrer Ausbildung schon den Keim ihrer polaren Entsprechung in sich trägt und beginnt, in diese umzuschlagen.“[32]

[32] Lexikon der östlichen Weisheitslehren, S. 456.

Die dunkle wie die helle Fläche sind gleich groß, gleichgewichtig. Sie umschlingen einander und sind doch klar voneinander getrennt. Ein jedes trägt in sich das Element des anderen, den andersfarbigen Punkt. „Eines wegzulassen würde bedeuten, die Ganzheit zu zerstören und auch das andere zu schwächen ... Keines der Prinzipien ist für sich allein vollkommen. Sie bedürfen einander, auf ihrer Polarität beruht das Leben. In ständigem Wandel des Schwerpunktes, in offener Auseinandersetzung und Zusammenspiel tragen sie das Leben in seiner Fülle."[33]

Die fördernde Wechselwirkung

Wenn es gelingt, sich auf beide Pole mit dem Bewußtsein einzulassen, daß nur die Gegensätzlichkeit es ermöglicht, den Weg zur Ganzheit zu finden, dann ist eine „fördernde Wechselwirkung" erlebbar. Sie bedeutet, daß man sich in der Auseinandersetzung mit diesen Polen verändert, weil diese Wechselwirkung bereichernd wirkt. Sie ermöglicht, „daß der Mensch die anfänglich engen Grenzen seiner Ansprechbarkeit und Aufnahmefähigkeit allmählich erweitert und alle Seiten seines Wesens zur Entfaltung kommen."[34] In Rhythmikstunden habe ich erlebt, daß z.B. ein schüchternes Kind mit der Aufgabe, als Indianerhäuptling die ganze Gruppe durchs Lager zu führen, sichtlich aus sich herauskam, und auch später in der Gruppe öfter das Wort mit ergriff. Für dieses Kind war der Häuptling der Gegenpol zu seiner sonstigen Verhaltensweise.

Die Gegenhaltung ist, die Polarität (in sich oder im Handlungsumfeld) zu verdrängen oder abzulehnen. Dies geschieht in unserer Lebensform viel zu oft. Es werden Wertigkeiten geschaffen, durch die man einzelne Pole als positiv und erstrebenswert, andere als schlecht und bedrohlich ansieht. So wird z.B. das kindliche Verhalten „brav und folgsam" in der Regel als sehr positiv angesehen. Es ist in bestimmten Situationen sicher auch wichtig, z.B. bei einem Gang durch die Stadt neben regem Autoverkehr. Es beinhaltet aber auch in vielen Fällen ein Einschränken der kindlichen Initiativen, ein Zurückdrängen von Impulsen, mit denen das Kind auf die Welt zugeht. Die Gründe der Erwachsenen sind dabei unterschiedlich, es sind oft unreflektierte Ängste, Bequemlichkeit oder auch ein in sich selbst Nichtzulassen von Energien, die einem die Kinder vorleben. „Brav und folgsam" hat also auch seine negativen Schattenseiten.

Das Anstreben einer dynamischen Balance

Elfriede Feudel hat in ihrem Buch „Durchbruch zum Rhythmischen in der Erziehung" auf das Gesetz des „rhythmischen Ausgleichs" zwischen

[33] Aus: „Die Gehetzten – über die Hintergründe der Rastlosigkeit/Diplomthesis von Gidon Horowitz 1993/S. 52.

[34] Elfriede Feudel, ebenda, S. 25.

den Polaritäten hingewiesen. Bei Ruth C. Cohn fand ich einen ähnlichen Ausdruck für ihren Arbeitsansatz, die „dynamische Balance"[35]. Als Leserin empfinde ich, daß beide Frauen dasselbe meinen, nur eine andere Sprache dafür benutzen.

Der „rhythmische Ausgleich" oder die „dynamische Balance" muß immer neu angestrebt und gefunden werden und bleibt nie als Zustand bestehen. Sie ist eine in jedem Lebensaugenblick zu schaffende Balance. Es ist das Sicheinlassen auf den Prozeß, der durch das Spannungsverhältnis zwischen den Polen entsteht. Es ist ein stetes Gewichten in diesem Kräftefeld, ein Wägen nach hier und nach dort, ein Ausbalancieren.

Ein anschauliches Beispiel: Stehen lernen
Ein Baby von ca. einem Jahr krabbelt, bleibt zwischen den Beinen hocken, schiebt sich langsam nach oben, die Arme leicht erhoben. Das erste Erleben zwischen den polaren Kräften der Erdanziehungskraft und der eigenen Aufrichtungskraft, die entgegenwirkt. Das Entscheidende für das Baby ist nicht der Endzustand, wie lange es steht, sondern der Prozeß, mit diesen Kräften körperlich umzugehen, sie abzuspüren, sich darin zu behaupten, zum Stehen zu kommen. Man sieht das Balancieren bei dem Baby noch, sein Körperzentrum, das Becken, pendelt fast unmerklich schnell und klein vor und zurück. Es strahlt und bewegt sich nach einigen Sekunden wieder langsam in den Kniestand. Dieses Ausbalancieren wird in der nächsten Zeit eine andere Dynamik bekommen. Es wird manchesmal genauso langsam sein, dann hin und wieder schneller, dann häufiger hintereinander, das Stehen wird eine längere Zeitdauer erfüllen, die nächste Entwicklung wird ein Schritt sein. Aus dem Finden des Gleichgewichts zwischen diesen polaren Kräften entwickelt sich die neue Fähigkeit des Stehens und Gehens.

Ein anderes Beispiel: Bei sich sein – beim anderen sein
Als Erzieherin und Lehrerin befindet man sich ständig im Kontakt mit sehr vielen Kindern, meistens zwischen 20 und 30. Kinder fordern viel, sie fordern oft auch ständig und lassen selbst dann nicht nach, wenn man ihnen schon viele Forderungen erfüllt hat. Im Hinterkopf lauern noch die pädagogischen Forderungen, was man alles mit den Kindern machen sollte, um sie entsprechend ausreichend zu fördern. Die Zeit ist begrenzt, die Umstände räumlicher und personeller Art auch. Das laugt einen kräftemäßig aus. Bisher waren die Gedanken allerdings auch nur bei den Kindern. Bisher war nur ein Pol im Bewußtsein, das „beim andern sein, bei den Kindern sein".

[35] Ruth C. Cohn ist Analytikerin und Begründerin der Themenzentrierten Interaktion. Sie lebt heute 82jährig in der Schweiz. Den Begriff fand ich in dem Buch: „Es geht ums Anteilnehmen" HERDER-Spektrum 1993.

Betrachten wir den anderen Pol: bei sich sein. Wie geht es Ihnen als Leserin dabei? Wie oft nehmen Sie sich während der Arbeit einen Atemzug lang die Gelegenheit nachzuspüren, ob es Ihnen dabei gut geht? Wie oft quälen Sie fremdbestimmte Arbeitsumstände? Gäbe es da nicht auch Möglichkeiten der Selbstbestimmung, das Ent-scheiden von Inhalten, die Sie gerne einbringen wollen? (Ent-scheiden beinhaltet auch immer ein Scheiden, ein sich trennen von etwas!) Wie können Sie sich als Person einbringen, mit den Fähigkeiten, die Sie entwickelt haben und mit Ihren Vorlieben? Wenn Sie Geschichten oder Märchen lieben, lassen Sie die Kinder daran teilhaben, und gönnen Sie allen zusammen diese kleine Poesie im Tag. Wenn Ihre Ohren kein Kindergeschrei mehr ertragen können, nehmen Sie Ihre Gitarre und spielen Sie ein wenig Musik vor sich hin. Nicht als pädagogisches Angebot für die Kinder, sondern als Schritt, um die eigene Balance zu behalten. Es kann dann durchaus vorkommen, daß die Kinder kommen und horchen, vielleicht singend mit einstimmen, und daß Geschrei und Streiterei abflauen.

Vielleicht liegt die Lösung aber auch im Grenzen ziehen. Im sich Abgrenzen gegenüber manchen Forderungen der Kinder, gegenüber den ständigen Vergleichen mit den Kolleginnen, die nicht aufbauend, sondern im negativen Sinn streßfördernd wirken. Es gilt auch die Grenzen zu klären zwischen den Möglichkeiten des Lebensraums Kindergarten und den Forderungen der Eltern, was dort alles an Fördermaßnahmen zu tun sei.

„Die gegenseitige Durchdringung bei gleichzeitiger Wahrung der eigenen Grenzen“[36], das ist die Voraussetzung für eine echte, partnerschaftliche Gleichberechtigung. Ich sehe das nicht nur als Grundlage für eine Beziehung, sondern auch als das erstrebenswerte Verhältnis zwischen Kind und Erwachsenem, das auch in unserem Erziehungswesen Gültigkeit haben kann.

In dem Spannungsverhältnis von „beim anderen sein – bei sich sein“ wäre die dynamische Balance, die es anzustreben gilt, daß es beiden im täglichen Zusammensein gut geht. Den Kindern und Ihnen.

Rhythmik im Grundschulunterricht

Die Anschaulichkeit in der Stoffvermittlung ist ein Kennzeichen lebendiger Unterrichtsgestaltung. Es bedeutet, Lerninhalte über verschiedene Sinnesbereiche zu erfahren und mit ihnen kreativ umzugehen. Die Beteiligung der Schüler am Prozeß des Lösungen Findens, fächerübergreifendes Gestalten mit den Unterrichtsinhalten sowie das Anregen individuierender und kooperativer Verhaltensweisen war schon immer der Ansatz der rhythmischen Arbeitsweise (die sich im Zeitgeist der Reformpädagogik entwickelt hat). In der heutigen Zeit wird diese pädagogische

[36] Gidon Horowitz, ebenda, S. 51.

Haltung zunehmend auch im Grundschulbereich angestrebt und durchgeführt.

„Mit den Mitteln der Rhythmik lassen sich Unterrichtsinhalte attraktiv und anregend gestalten, vielseitig erleben, ganzheitlich erfassen ... Zum anderen erfüllt das rhythmische Arbeitsprinzip die wichtige Funktion, den Unterricht zu rhythmisieren nach den Polaritäten

Ruhe – Bewegung
Beschaulichkeit – Aktion
Konzentration – Entspannung
Selbsttätigkeit – Lenkung
für sich arbeiten – mit anderen arbeiten
Eindruck/Aufnehmen – Ausdruck/Gestalten“[37]

Rhythmik ist damit eine vielschichtige Arbeitsweise:
– sie gleicht das lange Sitzen durch gestaltete Bewegungsmöglichkeiten aus (das ist eine Alternative zum Toben);
– sie schafft durch die spielerische Form auf andere Weise Aufnahmebereitschaft, Aufmerksamkeit, Reaktionsvermögen und Konzentration;
– sie ermöglicht je nach Spielregel das Zurückziehen auf eigenes Spielen und Gestalten, bzw. das Arrangieren mit einem Partner oder einer Gruppe zum Finden von gemeinsamen Lösungen;
– sie ist als Weg vom Erleben zum Erkennen und zum Benennen eine Methode zur Stoffvermittlung;
– Unterrichtsstoff wird auf diese Weise mit rhythmischen Übungen, mit Klang und Bewegung den Kindern nahegebracht.

In diesem Zusammenhang hat Barbara Holzapfel in einer Lehrerfortbildung gesagt: „Besser als belehrende Worte können Kinder in der Grundschule zum Lernen eingestimmt werden, wenn im Unterricht kleine rhythmische Übungen angeboten werden, die in jeder Stunde ihren Platz haben können.“[38] Da sich die Rhythmische Arbeitsweise als integrativ (und nicht als Hinzufügung) versteht, können solche kleinen Einheiten zu vielen Unterrichtssituationen eingesetzt werden.

Als Lehrerin muß man keine Rhythmiklehrerin sein, um rhythmisch zu arbeiten. Es gibt so viele Möglichkeiten, nach dem eigenen Vermögen

---

[37] Beth Schildknecht: Rhythmik und Sozialerziehung in der Primarschule Zürich 1984/S. 18.

[38] Barbara Holzapfel ist Rhythmiklehrerin und arbeitet seit vielen Jahren mit einem Lehrauftrag an einer Lübecker Grundschule. In der Zusammenarbeit mit der Klassenlehrerin entwickelt sie Modelle, in denen Unterrichtsinhalte und Rhythmik ineinandergreifen. Darüber hinaus bietet sie in regionalen Fortbildungen interessierten Lehrerinnen und Lehrern die Möglichkeit, die rhythmische Arbeitsweise für die Schule kennenzulernen.

rhythmisch gestaltend mit den Inhalten umzugehen. „Der Lehrer, der die Rhythmik in dieser erweiterten Form ausführt, muß nicht über besondere musikalische und gymnastische Fähigkeiten verfügen. Entscheidend sind Ideenreichtum, Phantasie, Einfühlungsvermögen, gestalterische Fähigkeiten.“[39]

Voraussetzung für ein rhythmisches Arbeiten ist die eigene Erfahrung im Umgang mit Musik und Bewegung. Denn nur, wenn man aus der Sicherheit des eigenen Erlebens und Reflexion handeln kann, ist es möglich, auch in den entstehenden offenen Unterrichtssituationen den Überblick zu behalten.

Die Studierenden an den Pädagogischen Hochschulen haben heutzutage in manchen Bundesländern die Gelegenheit, im Fach „Musisch-ästhetischer Gegenstandsbereich“ diese Erfahrungen zu sammeln. Für andere interessierte Lehrkräfte gibt es die Möglichkeit, Kurse bei verschiedensten Institutionen und Kursleitern zu besuchen. Adressen für Fortbildungsangebote, die neben den fachlichen Inhalten in der Regel immer auch den Aspekt der eigenen Regeneration beinhalten, finden Sie am Ende des Buches.

Die Entfaltung der schöpferischen Kräfte

Dazu einige Gedanken von Martin Buber, einem Philosophen unseres Jahrhunderts.

„Die Freimachung von Kräften kann nur eine Voraussetzung der Erziehung sein, nicht mehr ... sie ist sinnvoll als die Tatsache, von der Erziehungswerk auszugehen hat, sie wird absurd als seine grundsätzliche Aufgabe.“ Und an andrer Stelle steht, daß „nicht der Freimachung eines Triebes, sondern Kräften, die dem freigemachten begegnen, der entscheidende Einfluß zuzumessen ist: den erzieherischen Kräften.“[40]

„Der Gegenpol von Zwang ist nicht Freiheit, sondern Verbundenheit. Zwang ist eine negative Wirklichkeit, und Verbundenheit ist die positive; ... Zwang in der Erziehung, das ist das Nichtverbundensein, das ist Geducktheit und Aufgelehntheit; Verbundenheit in der Erziehung, nun, das ist eben die Verbundenheit, das ist Aufgeschlossen- und Einbezogensein; Freiheit in der Erziehung, das ist Verbundenwerdenkönnen.“[41]

[39] Ursula Becker: Rhythmik in der Grundschule, zit. in: Erziehen mit Musik und Bewegung, HERDER SPEKTRUM 1992, S. 72.
[40] Martin Buber, Reden über Erziehung, aus dem Aufsatz: Die Entwicklung der schöpferischen Kräfte im Kind/S. 26.
[41] Ebenda, S. 26.

Praktische Hinweise

Die Wahl eines Themas

Bei der Auswahl von Gedichten, Liedern, Geschichten und Büchern für ein Thema in der Rhythmik habe ich häufig spezielle Kinder meiner Gruppe mit ihren Schwierigkeiten im Bewußtsein. Mit „Schwierigkeiten" meine ich Mängel in der Ich-, Sach- oder Sozialkompetenz, die dem Kind Konflikte bringen, unter denen es leidet. Da war z.B. Uli, ein hyperaktives Kind, der nie wußte, wohin mit seiner Energie. Im Schulunterricht lag er meist nach wenigen Minuten konzentrierter Arbeit mit einem anderen Kind im Gerangel. Es fiel ihm ungeheuer schwer, eine Ruhe zu ertragen, sie mit innerem Leben zu füllen. Für ihn habe ich das Spiel um das Windgedicht entwickelt. Darin konnte er sich im wahrnehmungsorientierten Rahmen austoben (zwischen den Bäumen herumsausen, mit seinem Windstab in den Händen der Baumkinder spielen). Er hatte aber auch die Situationen des Vorbereitens auf den Einsatz, das stille Abwarten, bis der Text vom Wind erzählt, und das Zurückfinden zur Ruhe im Windhaus zu meistern. Diese Selbstbeherrschung ist ihm mit der Wiederholung immer besser gelungen.

Als die Kinder diese Spielgestaltung ihrer Parallelklasse vorführten, sprach mich der Lehrer an, dem bei einem Mädchen aufgefallen war, daß es im Gegensatz zu seiner Zurückgezogenheit im Unterricht nun sehr engagiert war und in diesem Spiel weit aus sich heraus kam. Bei ihr setzte die Identifikation mit dem Wind Kräfte frei, die sie sonst nicht zulassen konnte.

So können die gleichen Spielformen für die verschiedenen Anlagen der Kinder unterschiedliche und trotzdem jeweils stimmige Wirkungen haben. Und – die Wirkung wird erzielt durch eine innere Motivation im Kind, dieses Gedicht zu spielen, an der Sache teilzuhaben, dabei zu sein. Ästhetische Gestalten wie Reime, Gedichte, Lieder, Musiken erlebe ich als eine große Kraft, die von den Kindern als eine Art „natürliche Autorität" akzeptiert wird.

Die Bedeutung einer Führungsfunktion

„Die Erzieherin beobachtet die Kinder mit ihren Neigungen und Trieben, mit ihren Stärken und Schwächen der natürlichen Veranlagung und kann durch die Wahl der Spiele und Aufgaben diese Verhaltensweisen fördern und hemmen, ausgleichen, stützen und helfen."[42]

Um eine Gruppe zu einem kooperativen Umgang miteinander zu befähigen, ist es wichtig, daß sich die Erzieherin ihrer Führungsrolle bewußt

[42] Elfriede Feudel, ebenda, S. 22.

ist. Sie bildet eine Art Konzentrationspunkt, an dem sich die Kinder immer wieder finden können.

Im rhythmischen Sinn bedeutet das allerdings keine Dominanz die ganze Stunde hindurch. Sie ist vielmehr ein flexibles Wechseln von der Bedeutung als Dirigentin, als Mitspielerin, als Zuschauerin und Zuhörerin, als Koordinatorin. Es braucht eine Wachheit dafür, wann die Führung wichtig ist, z.B. zum Zentrieren der Gruppe, zum Klären des Themas, und wann sie zurückgenommen werden kann, weil die Kinder sie übernehmen können. Es ist im besten Falle ein gegenseitiges Führen und Folgen, die Kinder nehmen Anregungen der Erzieherin auf, doch auch sie fängt die Situationen und Ideen auf, die ihr von den Kindern zugespielt werden. In der Praxis zeigt sich oft, daß sich Übungsziele oder Wege, die man sich vorgenommen und eingeplant hat, von den Kindern anders angegangen werden, und letztendlich trotzdem zu dem gleichen Ziel führen. Es ist auch hier die in jedem Augenblick anzustrebende dynamische Balance, das gleichwertige Gewichten von den Faktoren Erzieherin–Kinder–Thema. Oder wie eine Erzieherin einmal sagte: „Wir müssen uns so arrangieren, daß es allen dabei gut geht."

Meine Erfahrung mit Kindern ist: Je schwieriger die Kinder in einer Gruppe miteinander klar kommen, umso eindeutiger muß die Führung durch die Person, ebenso durch die Sache und die Spielregeln sein. Kinder, die sehr autoritär erzogen wurden und nie gelernt haben, mit Freiräumen umzugehen, reagieren oft völlig verunsichert, wenn sie einen solchen ermöglicht bekommen. Sie müssen sich ihre Kompetenz im Umgang mit ihrer Entscheidungs- und Handlungsfreiheit erst entwickeln. Das gelingt am effektivsten durch die Wiederholung der gleichen Sache an kommenden Tagen sowie durch langsames Einführen von Variationen oder Differenzierungen. Kinder, die zuviel Freiraum haben, keine Grenzen kennen und durch Bezugslosigkeit und Orientierungslosigkeit ihr soziales Verhalten noch wenig entwickelt haben, brauchen ebenso eine klare Orientierung durch die Gruppenleiterin. Wenn diese Beziehung aufgebaut ist, kann die Führung immer mehr an die Sache, die Materialien und die Musik gegeben werden. Gruppengestaltungen mit einfachen Aufgaben und Tänzen sind hilfreich für sie, um ihren Platz in der Gruppe kennenzulernen. Partneraufgaben mit gegenseitigem Führen und Folgen sind für sie behutsam zu wählen, um nicht zu häufig in den Konflikten durch persönliche Animositäten untereinander steckenzubleiben.

Rhythmik als erzieherische Haltung meint das Selbstverständnis, sich auch in Polaritäten zu wissen und zu spüren. Als Erzieherin und Pädagogin ist man Lehrende wie Lernende, Anregende wie Angeregte, Individuum wie Gruppenmitglied. Auch der Erfahrungs- und Wissensvorsprung vor den Kindern steht in wichtiger Polarität zu deren völliger Offenheit und Unvoreingenommenheit. Wenn es gelingt, diese Polaritäten wahrzunehmen, die sich anbahnenden Wechselwirkungen anzunehmen und sie in der Arbeit mit den Kindern in eine dynamische Balance zu bringen, geschieht Erziehung im Sinne von Beziehung.

Nachahmung – selber finden
Entsprechend zu der flexiblen Gewichtung in der Führung einer Stunde gibt es auch im rhythmischen Spiel Wechsel in der Methode: Kennenlernen, Nachahmen, Spielen, Finden, Experimentieren, Üben, darüber sprechen, Wiederholen. Das Maß muß jeweils von der Erzieherin aus der Beobachtung entschieden werden. Es hängt ja auch davon ab, welche Fördermöglichkeiten und Notwendigkeiten durch die Kinder gegeben sind.

Mein Weg ist: *soviel wie nötig* über die Nachahmung lernen, um neue Orientierung zu geben, neue Anreize zu schaffen, Möglichkeiten aufzuzeigen, Spieltechniken am Instrument vermitteln. Und *soviel wie möglich* die Initiativen der Kinder einbeziehen.

Die Kinder haben in ihrer Entwicklung einen biologischen Lernmechanismus: sie beobachten, nehmen wahr, mit all ihren Sinnesorganen, ahmen dieses dann entweder spontan oder auch zu einem späteren Zeitpunkt nach. Manchmal entstehen Konflikte, weil die Erwachsenen dieses nicht immer sofort als Nachahmung erkennen, da es in einer Situation geschehen kann, die von der primär erlebten völlig abweichend ist. Das Kind übt dieses Nachgeahmte dann in verschiedenen Situationen und prüft dabei, ob und wie es gelingt, und ob es in den Augen der begleitenden Erwachsenen Bestand hat oder nicht. Sobald es die neuerworbene Fähigkeit bzw. Fertigkeit in seinem Verhalten gefestigt hat, kann es damit spielerisch wieder Neues wagen und seinen Spielraum damit vergrößern, schöpferisch sein, sich entwickeln. Es ist also ein ständiges, fließendes Geschehen von Wahrnehmen, Handeln, Empfinden, Denken, Suchen, Erproben, Üben, Ändern, bestätigt Finden, Verwerfen, ein Spiel um das Ausbalancieren von Vertrautem und neuen Eindrücken. Danach erlebe ich es oft wie einen Sprung: plötzlich steht es ihnen zur Verfügung, ist es präsent.

Die Bedeutung der Wiederholung
Wiederholen hängt zusammen mit Üben, und Üben ist immer die Brücke zwischen den zwei Polen Wille und Fähigkeit.

Wird ein Spielgeschehen in derselben Stunde, an darauffolgenden Tagen wieder-holt, reagiert das Kind nicht mehr nur spontan auf das Geschehen, sondern weiß bereits, was kommt und wie es sich verhalten kann. Es vermag auf den zuerst gewonnenen Erfahrungen aufzubauen, kann prüfen, ob ihm alles wieder oder anderes erstmals gelingt. Es kann sich auf Neues ein zweites Mal besser einlassen, Vertrautes nochmals üben oder sich auch auf bestimmte Elemente freuen. Die Lust am Mitgestalten wächst mit der Vertrautheit um die Spielregeln und mit der Sicherheit in die eigene Person. Ein Kind spürt z.B., es will stehen. Ein älteres will sich die Schuhe selbst anziehen können, will sich den Becher selbst vollgießen, will ohne Stützräder fahren, will den Ball fangen können. Es braucht dazu Zeit und viele Gelegenheiten, diese Fähigkeiten zu entwickeln, wachsen zu lassen. Jedes spielerische Tun und Verhalten eines Kindes ist lange Zeit in sich und aus sich heraus Übung, ist ein sich immer wieder neu Bewähren. Problematisch wird es meist, wenn Übung den negativen Beigeschmack von Zwang, Leistungserwartung oder Langeweile im eintönigen Tun erhält. Das ist der Fall, wenn die innere Anteilnahme des übenden Menschen fehlt. Wenn Üben spielerisch geschieht und ein Neubeleben ist, wenn weitere Wahrnehmungsanreize und Differenzierungen hinzukommen, dann wird auch die Neugierde und innere Motivation in der Wiederholung wachgehalten. Auf diesem Weg des Übens entwickeln die Kinder dann ein „handelndes Bewußtsein", mit dem sie die Ausdrucksfähigkeit erreichen, die ich als „Gestalten" bezeichnen möchte.

Lautstärke und Aggression

In unserer alltäglichen Wirklichkeit wird dem Hören als solches zu wenig Bedeutung beigemessen. Zwar hören Kinder die Fragen: „Hörst du eigentlich? Nun hör mal endlich her, wenn du nicht hörst, dann ..." zuhauf, doch haben sie eigentlich die echten Chancen zu hören? Der Lärmpegel der Umwelt, der Geräuschpegel der Medien zu Hause und auch der Lärmpegel der Kinderstimmen im Gruppenraum des Kindergartens übersteigt zu manchen Tageszeiten die Schmerzgrenze. Kinder klagen darüber, haben auch Angstzustände wegen der Lautstärke. „Mama, ich will da nicht rein, da ist so laut."

Frederick Vester hat in seinem Buch „Phänomen Streß" auch über den Faktor Lärm als Streßfaktor geschrieben.[43] Der Körper, als biochemischer Organismus, schüttet das Streßhormon Adrenalin aus. Dieses blockiert die gesamten Denkvorgänge und stellt den Körper auf die biologische Streßreaktion Bewegung und Flucht ein. Doch wohin soll sich ein gestreßtes Kind im Raum bewegen? Es rennt herum, wird immer aggressiver, wird dadurch noch lauter, und andere Kinder sind in diesem Wirkungsgefüge längst mit dabei.

Förderlich für den Lautstärkestreß ist im Kindergarten auch die Tatsache des Dichtestresses. Für jedes Kind ist nach den bestehenden Richtlinien nur ein Platz von 2,2 qm^2 vorgesehen. Die Gruppen sind aus finanzpolitischen Gründen entsprechend voll, an Personal wird gespart. Wen mag es da wundern, daß es neben den Erzieherinnen auch den Kindern sehr schwer gemacht wird, die vielen Streßsituationen für alle verträglich zu meistern!

[43] Frederick Vester: Phänomen Streß, dtv Taschenbuch 1978.

Klänge können Ruhe bewirken

In einer Rhythmikstunde ist es sehr turbulent geworden. Die Kinder sind nach einem Tanz sehr ausgelassen. Damit es weitergehen kann, nehme ich meine Flöte und spiele ein kleines Motiv mit einem langen Ton mit der inneren Einstellung: „Bitte schenkt mir wieder eure Aufmerksamkeit!" Die Rangeleien ebben ab, und die Ohren sind mir geöffnet. Es war noch keine Spielregel, aber es wurde danach eine.

Eine Lehrerin in der letzten Schulstunde. Die Kinder hatten Freiarbeit, der Lautstärkepegel stieg kontinuierlich an. Die Lehrerin holte eine kleine Zimbel aus dem Schrank und ging leise spielend an den lauten Kindern vorbei. Sie ging sehr langsam, sie ging horchend, in der Stimmung des Klanges. Die Gespräche der Kinder wurden leiser. Sie hatten ihre Arbeit dabei nicht unterbrochen. Ich erfuhr, daß es eine Spielregel war, die zu Beginn des Schuljahres eingeführt wurde: dieser Klang bittet um leiseres Arbeiten.

Das sind nur zwei Möglichkeiten, wie nonverbale Kommunikation über sehr bescheidene musikalische Mittel stattfinden kann. Klänge wirken unbewußt und bewirken ein Verhalten. Die Bereitschaft, auf angenehme Klänge mit innerem Wohlwollen zu reagieren, ist auch in Kinderstunden immer wieder zu beobachten: selbst die aggressivsten und störrischsten Kinder reagieren auf ein gesungenes „Alle Kinder kommen jetzt bitte zu mir her!" mit Akzeptanz, während dieselben Worte, nur gesprochen, viel häufiger eine Gegenreaktion zur Folge haben.

Über die Singgeschwindigkeit

Bei Kindergartenfesten fiel es mir auf: Werden Kassetten zur Liedbegleitung benutzt, ist die Geschwindigkeit der Lieder in der Regel zu schnell. Der Chor auf der Kassette besteht meistens aus Schulkindern im Alter von 8–12 Jahren, für die das Tempo stimmiger ist. Die kleinen 3–6jährigen Kindergartenkinder benötigen allein zur Bildung der Laute mit ihren Sprechwerkzeugen, zum Wahrnehmen der Tonhöhen und zum Mitdenken des Textes ein langsameres Tempo. Auch wenn das für uns Erwachsene mitunter sehr langsam scheint, müssen wir uns dabei stets bewußt sein, daß sich das Kind an unsere Lippen hängt und unser Sprechen und Singen nachahmend mitvollzieht. (Man kann das auch bei der Einführung eines neuen Liedes beobachten, wie die Kinder im Hören leicht ihre Lippen mitbewegen.) Wir können es in diesem Vorgang nur mitnehmen, wenn wir uns dabei auf das Tempo der Kinder einstellen. Auch wenn diese Kinder das Lied dann können, ist ihr Singtempo ein langsameres. Ich habe für mich dabei erlebt, daß es ein großer Genuß sein kann, in ihrer Langsamkeit die Laute, Wörter und Klänge bewußter auszukosten.

Akustische Begleitung
Es spricht in diesem Zusammenhang auch alles dafür, es den Erzieherinnen gleich zu tun, die auch bei Festen ihre Gitarre, ein Xylophon oder ein Akkordeon nehmen und das Singen akustisch begleiten. Denn nicht nur die Geschwindigkeit, auch die Lautstärke der Verstärker im Zusammenhang mit Kindern ist ein Punkt, für den wir Erwachsene uns sensibilisieren müssen. Wenn ein Instrument wirklich viel zu leise sein sollte, fragen Sie doch einfach mal die Eltern! In einem Kindergarten haben sechs Eltern für ein Fest die Lieder und Tanzmusiken mit eingeübt und alles akustisch begleitet. Es geht nur darum, sich von der Vorstellung zu befreien, daß die Lautstärke eines technischen Mediums die Stimmung unter die Leute bringt (was in unserer Kultur leider viel zu häufig gehandhabt wird!). Die Kinder sollen singen können, ihre Stimmen sollen klingen können, in ihrer Helligkeit und Feinheit, und die Ohren sollen dabei lauschen.

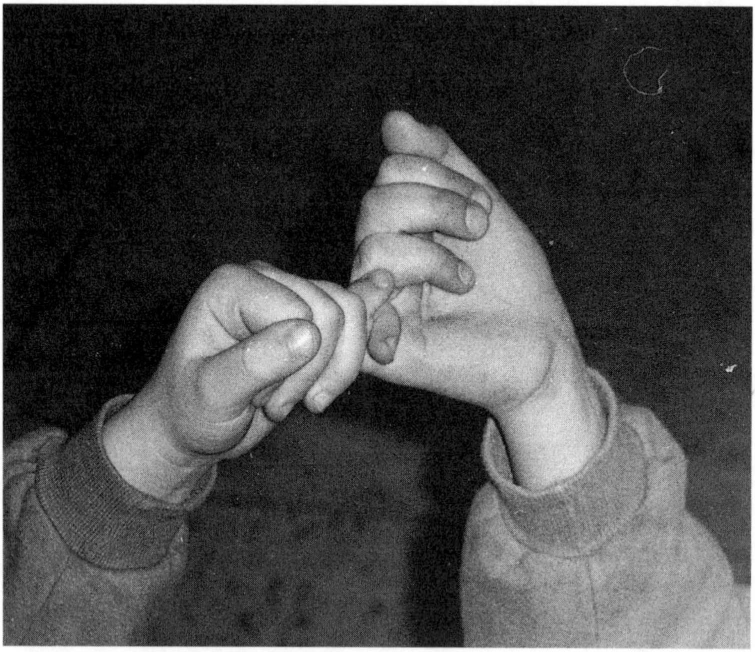

Literaturquellen

Elfriede Feudel: Durchbruch zum Rhythmischen in der Erziehung/Klett 3/1974

Isabelle Frohne: Das Rhythmische Prinzip/Grundlagen, Formen und Realisationsbeispiele in Therapie und Pädagogik/ERES Edition Lilienthal 1981

Ruth C. Cohn: Es geht ums Anteilnehmen/Herder Spektrum 1989

Dore Jacobs: Bewegungsbildung/Menschenbildung Kallmeyer-Verlag 1985 (Neuauflage)

Martin Buber: Reden über Erziehung/Verlag Lambert Schneider, 1986

Bannmüller/Röthig (Hrsg.): Grundlagen und Perspektiven ästhetischer und rhythmischer Bewegungserziehung Klett, Stuttgart 1990

Moshe Feldenkrais: Bewußtheit durch Bewegung suhrkamp 4/1982

Catherine Krimm-von Fischer: Erziehen mit Musik und Bewegung/Herder Spektrum/erweiterte Neuausgabe 1992

Beth Schildknecht: Rhythmik und Sozialerziehung in der Primarschule, Verlag Elementarlehrer – Konferenz des Kanton Zürich 1984

Zeitschrift: Rhythmik in der Erziehung/Kallmeyersche Verlagsbuchhandlung 30926 Seelze-Velber

Gidon Horowitz: „Die Gehetzten – über die Hintergründe der Rastlosigkeit“ Diplomthesis am C. G. Jung-Institut 1993

Quellen im Praxisteil:

Tanzchuchi, Tanzen in Schule und Freizeit, zytglogge Verlag Bern 1981

Die Stadt der Kinder dtv-junior München 1972

LUDI MUSICI Bd. 1 Fidula Verlag Boppart 1970

Heinz Lemmermann (Hrsg.), Die Sonnenblume, Liederbuch, Fidula Verlag, Boppard 1992

Das Jahreszeiten-Reimebuch Herder, Freiburg 1992

D. Zimmerschied: Kinder singen überall, Liederbuch/Klett, Stuttgart 1992

Brian Wildsmith: Das Nest/Verlag Pro Juventute, Zürich 1984

Rhythmen und Reime, Arbeitsmaterial aus den Waldorfkindergärten, Heft 6, Verlag Freies Geistesleben Stuttgart 1977

Margot Pötsche: Zeige, was du hörst/Edition W. Hansen Frankfurt 1970

Literatur zum Vertiefen und Erweitern:

Sabine Hoffmann Muischneek: Wie tönt grün? – Rhythmik als Wahrnehmungsförderung/1989 im SVHS Verlag des Schweizerischen Vereins für Handarbeit und Schulreform/CH-4434 Hölstein

R. Klöppel/S. Vliex: Helfen durch Rhythmik – Verhaltensauffällige Kinder – erkennen, verstehen, richtig behandeln, Herder 1992

Witoszynskyj/Schindler/Schneider: Erziehung durch Musik und Bewegung/Österreichischer Bundesverlag Wien 1991

Fortbildungsadressen

Ein Jahresprogramm für Fortbildungsangebote in den einzelnen Bundesländern kann angefordert werden beim:

Bundesverband Rhythmische Erziehung
Küppelstein 34
42857 Remscheid

Weitere Fortbildungsadressen:

Susanne Peter-Führe
Am Rainhof 21
79199 Kirchzarten

Barbara Holzapfel
Landesverband Schleswig-Holstein
Roeckstr. 36
23568 Lübeck

Berufsbegleitende Fortbildung bieten an:

Akademie Trossingen
Postfach 1158
78635 Trossingen

Akademie Remscheid
Küppelstein 34
42857 Remscheid

Bildungswerk Rhythmik e.V.
Kalscheurerweg 12
50997 Köln

Rhythmikon München
Weißenburgerstr. 10
81667 München

Berufsergänzende Fortbildung in Rhythmik gibt es in der:

Wirkstatt e.V.
Forum für Erlebenskunst
Steinstr. 23
Postfach 6807
76048 Karlsruhe

Die Adresse zum Instrumentenbau:

Klangwerkstatt
Christoph Löcherbach
Hauptstr. 22
86865 Markt Wald

Mehr Raum für Lebensfreude

Beim Erzählen von Märchen kommen inneres Erleben und die tief ins Unbewußte reichenden Kräfte der Symbolsprache gemeinsam zu Wirkung und Entfaltung. Davon ausgehend zeigt die Autorin auf, wie Kinder von lebendig gestaltem Märchenerzählen zu spontanem Mitspielen angeregt werden können.

158 Seiten, Paperback
ISBN 3-451-21361-3

Bewegung, Singen und Musizieren gehören zu den elementaren kindlichen Ausdrucksformen. In diesem Buch wird dargestellt, wie Situationen aus dem Erlebnisbereich von Kindern so gestaltet werden können, daß verschiedene Erfahrungsbereiche angesprochen sind. Mit zahlreichen Lied- und Spielvorschlägen aus den Erlebnisbereichen „ Natur“, „Tier“, „Phantasiewelt“ unf „Technik“.

128 Seiten, Paperback
ISBN 3-451-22176-4

herder

In Ihrer Buchhandlung